AF204878

Banane

MARGOT FISCHER

MIT ILLUSTRATIONEN VON
LINDA WOLFSGRUBER

mandelbaums *kleine gourmandisen*
N° 44

Für Renate

Die Darlegungen in diesem Buch sind sorgfältig recherchiert. Dennoch bieten Informationen zu Heilanwendungen keinen Ersatz für kompetenten medizinischen und pharmazeutischen Rat. Die Angaben sind ohne jegliche Gewährleistung oder Garantie seitens der Autorin und des Verlages.

Das Verzeichnis der verwendeten Literatur würde den Rahmen dieses Büchleins sprengen und ist daher auf www.margot-fischer.net im Abschnitt *Bücher* abrufbar.

www.mandelbaum.at
www.mandelbaum.de
ISBN 978-3-85476-921-7
© mandelbaum *verlag* wien, berlin 2022
Alle Rechte vorbehalten
1. Auflage 2022
Lektorat: Inge Fasan
Satz und Umschlaggestaltung: Michael Baiculescu
Illustrationen: Linda Wolfsgruber
Druck: Interpress, Budapest

AUSGERECHNET BANANEN

»Ausgerechnet Bananen, Bananen verlangt sie von mir!« – Ein richtiger Ohrwurm war dieser Schlager. Ohne den Hintersinn des Textes zu verstehen, trällerte ich das Lied oft vor mich hin, bis … mein Vater mir eines Tages eine sehr reife Banane als Jause in die Schultasche steckte. Das gute Stück durchweichte vier meiner Schulhefte, die ich komplett neu schreiben musste. Mein Groll darüber hielt sogar länger an als der eigenartige Geruch der Schultasche. Nicht auszudenken, wie Sigmund Freud diese Begebenheit interpretiert hätte!

Neben den schlüpfrigen Assoziationen, die allein schon die Form der Banane nahelegt, war die Frucht um die Wende des 19. zum 20. Jahrhundert unter dem – ebenfalls einschlägig konnotierten – Namen *Paradiesfeige* der Inbegriff des Exotischen und damit verbogene Projektionsfläche für besonders zügellose Fantasien – schließlich galten die in den Anbauregionen lebenden »Naturvölker« als frei von Triebkontrolle. Nicht von ungefähr wurde die »schwarze Perle« (die Betonung liegt auf »schwarze«) Josephine Baker 1926 mit ihrem *Bananentanz*, bei dem sie – abgesehen von einem Röckchen aus künstlichen Bananen – nur einige Perlenketten trug, zur bis heute geläufigen erotischen Ikone. Vergessen wird dabei gerne, dass Baker sich in der Französischen Resistance und der US-amerikanischen Bürgerrechtsbewegung engagierte.

Und Vorsicht: Die Aussage »Dein Rock sieht total banane aus« ist nicht als Kompliment zu werten, egal wie gut die Figur ist, die drin steckt. Obwohl die nunmehr in jedem Supermarkt für wenig Geld erhältliche Frucht kaum noch als besonders exotisch betrachtet wird, hat sie nichts von ihrer Beliebtheit eingebüßt. In den USA werden mehr Bananen gegessen als alle anderen Obstsorten zusammengenommen. In Europa übersteigt bloß der Apfelkonsum den Bananenverzehr. Die größten europäischen Bananenfans leben in Ländern mit wenig Sonne – wohl wegen der stimmungsaufhellenden Wirkung der sonnengelben Frucht. Für noch bessere Laune sorgen – zumindest in den Anbauländern – aus der Pflanze gebraute und destillierte Alkoholika.

Apropos Stimmung: Ein Trost noch für jene, die sich darüber ärgern, dass die auf dem Markt angebotenen Bananen hierzulande meist unreif sind: Bananen werden niemals reif geerntet. Darüber hinaus haben auch unreife Bananen ihren Wert – nicht nur den, dass sie in der Schultasche nicht so matschen.

TODESBOTIN UND FRUCHT DER WEISEN

Das natürliche Verbreitungsgebiet der Gattung *Musa* aus der Familie der Bananengewächse, *Musaceae*, in der Ordnung der Ingwerartigen, *Zingiberales*, erstreckt sich von ihrer Ursprungsregion Südwestpazifik über das nördliche Australien, Südostasien bis Südchina und das östliche Indien. Wilde *Musa*-Arten wuchsen in sogenannten gestörten Lebensräumen; das sind etwa Waldlücken, Schutthalden und instabile Hänge, an denen der Bewuchs Öffnungen aufweist, die frischen Keimlingen und kleineren Arten Licht verschaffen. Auch im Regenwald sind »Störungen« integraler Bestandteil von Wachstumszyklen, die Nischen für Unterwuchspflanzen wie die *Musaceae* bieten. Die frühen Menschen, die vor rund 60.000 Jahren in den Wäldern lebten, konnten die stattlichen Pflanzen nicht übersehen. Es ist sehr wahrscheinlich, dass der frühe Homo sapiens die Waldlücken aktiv ausweitete, um den begehrenswerten Gewächsen mehr Raum zu schaffen, deren Früchte damals noch grün oder rot, kernhaltig und roh ungenießbar waren. Immerhin eigneten sich die unterschiedlichen Pflanzenteile als Nahrung, Tierfutter, Kleidung, Medizin und Baustoff. Bis zur aktiven Kultivierung dauerte es allerdings noch eine Weile. Die ältesten archäologischen Belege für den gezielten Anbau von Bananen stammen aus Neuguinea und sind rund 7.000 Jahre alt. Im ersten Jahrtausend v. d. Z. waren Plantagen nach Westen bereits bis Kamerun verbreitet.

Auch im antiken Ägypten und Assyrien waren Bananen bekannt. Nach ägyptischem Glauben gingen die Toten direkt in das Jenseits, wenn ihnen von den Boten des Todes Bananen angeboten wurden. In einem ägyptischen Grab aus der 18. Dynastie (1549–1249 v. d. Z.) fanden Archäologen einen Behälter mit fermentiertem Bananenzellmaterial. Ein Bananenblatt aus einem Grab der ägyptischen Nekropole Antinopolis deutet darauf hin, dass Bananen in Ägypten spätestens im 5. Jahrhundert angebaut wurden.

In den indischen Epen sind Bananen ab dem 5. Jahrhundert v. d. Z. als heilende Nahrung vertreten und werden noch heute in der ayurvedischen Medizin hoch geschätzt. Alexander der Große und sein Heer sollen auf seinem Feldzug 326 v. d. Z. Hindupriester beobachtet haben, die sich nur von Bananen ernährten, im Schatten von Bananenpflanzen schliefen und die Banane als *Frucht der Weisen* bezeichneten. Der römische Historiker Plinius der Ältere berichtet im 1. Jahrhundert in seiner *Naturalis historia*, einer Sammlung des gesamten antiken Wissens über die Natur, nach einem Gespräch mit südindischen Händlern von der Banane. Er bezeichnet sie als *pala*, ein Begriff, der an *palam* erinnert, den in Südindien gebräuchlichen Namen. Offensichtlich hat er jedoch nie selbst eine Banane gesehen und wohl im Gespräch mit den Händlern über unterschiedliche Handelswaren den Faden verloren, denn er vermischte Charakteristika unterschiedlicher Pflanzen.

Mit der Ausbreitung der Kalifenreiche im 7. und 8. Jahrhundert, die sich an ihrem Höhepunkt vom Nahen Osten und das Indus-Tal über den Maghreb bis zur iberischen Halbinsel erstreckten, eroberte auch die Banane große Gebiete. Frühe arabische Botaniker dokumentierten Bananen und deren Anbau von Ostafrika bis zur iberischen Halbinsel. Allerdings mussten sie dort – wie Arib ibn Sad in seinem Kalender von Córdoba für das Jahr 961 berichtet – ab November eingehüllt werden, um Frostschäden zu verhindern und wuchsen nur als Kuriosa in Gärten der Oberschicht. Der heute in zahlreichen Sprachen gebräuchliche Name stammt vermutlich aus einer Bantusprache Guineas oder des Kongo und gelangte über das Portugiesische in zahlreiche Sprachen. Im Deutschen hat die heutige Form nachweisbar erst im 19. Jahrhundert die vormals gebräuchlichen Bezeichnungen Adams-, Paradies- oder (aus dem Indonesischen entlehnt) Pisang-Feige verdrängt. Das Englische unterscheidet die Obstbanane, *banana*, von der Gemüsebanane, *plantain*. Das Spanische kennt *plátano* für Obstbananen und *plátano macho* (wörtlich: männliche Banane) für Gemüsebananen; das Portugiesische in Portugal und Brasilien verwendet *banana*. In Südostasien, wo die größte Vielfalt an wilden und kultivierten Sorten verwendet wird, verzichten die Sprachen wegen der fließenden Übergänge in der Nutzung auf eine Unterscheidung zwischen Obst- und Gemüsebananen. Auf den amerikanischen Kontinent gelangten Bananen im 16. Jahrhundert mit spanischen und portugiesischen Eroberern.

Im Gegensatz zu Gewürzen, Zucker oder Kaffee eigneten sich Bananen, deren Büschel übrigens vielerorts als »Hand«, die einzelnen Früchte als »Finger« bezeichnet werden, nicht als Kolonialware. Unter den damaligen Transportbedingungen wurde den Früchten auf dem Weg entweder zu warm oder zu kalt, zudem dau-

erten die Reisen zu lang. Eine Kultivierung in Europa beschränkte sich des großen Aufwandes wegen auf die beheizbaren Gewächshäuser der Fürsten-, Königs- und Kaiserhöfe. Die sogenannten *Orangerien* waren prestigeträchtige Sammlungen exotischer Pflanzen, die mit hohem Einsatz an Personal und Material gezogen wurden. Zu besonderem Ruhm gelangten die Küchengärten Friedrichs des Großen, der Künstler, Philosophen und andere Gelehrte gerne mit »unersetzlicher Philosophennahrung« bewirtete. Im Park von Schloss Sanssouci stand auch ein Bananenhaus. Die Kultivierung von Bananen war jedoch bereits Friedrichs Nachfolger Friedrich Wilhelm II. zu kostspielig und kompliziert. So fand die preußische Bananenkultivierung ein rasches Ende.

Mit der Erfindung des Dampfmotors und der Kühlung gelangten tropische Früchte – darunter Bananen – in präsentabler Qualität aus den Anbauländern in die gemäßigten Klimazonen. Noch im Viktorianischen Zeitalter (1837–1901) waren Bananen in Europa weitgehend unbekannt. Obwohl sie bereits erhältlich waren, musste Jules Verne sie in seinen *80 Tagen um die Welt* noch ausführlich beschreiben, um seine Leserschaft nicht zu verwirren. Auch in den USA waren sie erst ab der Zeit nach dem Bürgerkrieg und lediglich sündteuer zu haben. Einem größeren Publikum wurden sie erstmals 1876 bei der Ausstellung anlässlich der 100-Jahrfeier der amerikanischen Unabhängigkeitserklärung in Philadelphia vorgestellt. Die exotische Delikatesse war einzeln in Stanniol verpackt und wurde daraus mit Messer und Gabel gegessen. In Europa trafen die ersten Exemplare zu Verzehrzwecken aus Übersee 1885 ein; größere Mengen wurden allerdings erst nach dem Ersten Weltkrieg importiert.

AM PARTEITAG BANANEN

Riesige Kühlschiffe brachten mit der Banane tonnenweise Exotik und süßen Trost in die von der Wirtschaftskrise geschüttelten USA. Die Früchte waren so begehrt, dass sie häufig ausverkauft waren, was der ausgesprochen erfolgreiche Song *Yes, we have no bananas* aus dem Jahr 1922 thematisiert. Ebenso an allen Straßenecken geträllert wurde die Melodie im Jahr darauf in den wirtschaftlich gleichermaßen gebeutelten deutschsprachigen Ländern. Der in der deutschen Version schlüpfrige Text handelt von den Launen einer Frau. Vom Glanz des legendären Bananentanzes der Josephine Baker profitierte noch Jahrzehnte später die brasilianische Tänzerin Carmen Miranda. Nachdem sie Hollywood erobert hatte, sang sie 1944 das Lied der *Miss Chiquita Banana* am Beginn einer 50 Jahre andauernden Werbekampagne, die fröhliche Exotik verströmte – freilich ohne den schönen (Sonnen-)Schein durch die Schattenseiten der Produktionsbedingungen zu trüben.

Das Thema Ausbeutung behandelt das 1952 erstmals auf Schallplatte aufgenommene Arbeitslied *Banana Boat Song*. Ein Dockarbeiter, der bei Tagesanbruch endlich nach Hause will, singt darin von den enormen Mengen an Bananen, die er und seine Kollegen die ganz Nacht hindurch hatten verladen müssen. Die adaptierte Version von 1956 machte Harry Belafonte zum unbestrittenen König des Calypso. Allerdings ging der sozialkritische Inhalt des Liedes in der schwungvollen Exotik unter. Passend zum Thema Kolonialismus erklang der *Banana Boat Song* 1997 für die Astronauten des Space Shuttle *Atlantis* als durchdringender Weckruf im All.

Legendär war das Cover des Debutalbums von The Velvet Underground & Nico aus dem Jahr 1967. Auf weißem Untergrund prangt eine von Andy Warhol entworfene Banane mit der Aufforderung zum Schälen und

Schauen. Unter der gelben Folie erschien eine fleischfarbene Banane. Lou Reed, Gründungsmitglied von Velvet Underground, erzählte, dass es die Banane sogar in eine Ausstellung erotischer Kunst schaffte. Allerdings war die Produktion für Verve Records ein Albtraum, da die unzähligen »Schalen« händisch aufgeklebt werden mussten. Warhols Banane ziert seither T-Shirts, Handtaschen und als Stencil auch Hauswände. Das schälbare Cover erzielt mittlerweile Rekordpreise, da die Produktion 1968 eingestellt wurde.

Im selben Jahr trällerte France Gall im Lied *La Banda* von Rosita, die zum mexikanischen Karneval zwei Apfelsinen im Haar trägt und an der Hüfte Bananen. Dieser Hit brachte Farbe in die Wohnzimmer der Wirtschaftswunderbürger:innen; gepaart mit dem erotisch besetzten französischen Akzent der attraktiven blutjungen Sängerin bediente hier die Banane – unterstützt durch ausgerechnet zwei (!) Apfelsinen – wieder einmal einschlägige Fantasien. DDR-Bürger verleitete der Liedtext zur sarkastischen Umdichtung: »Zwei Apfelsinen im Jahr und am Parteitag Bananen«.

Ausgerechnet die Banane war Sinnbild des Mangels in der DDR, hatte doch schon Konrad Adenauer sie zum Politikum gemacht und 1957 die zollfreie Einfuhr von Bananen gegenüber der Europäischen Wirtschaftsgemeinschaft durchgesetzt: »Die Banane ist eine Hoffnung für viele und eine Notwendigkeit für uns alle.« Auch dem SED-Regime war der Stellenwert der Banane offenbar bewusst. »Der Import von Bananen zur kontinuierlichen Versorgung der Bevölkerung« wurde 1972 zur geheimen Ministerratssache erklärt. Dennoch blieb die Scherzantwort auf die Frage, warum die Banane krumm ist, in Umlauf: »Weil sie einen Bogen um die DDR machen muss.« Ich erspare Ihnen die übrigen Bananenwitze.

Bei der Wiedervereinigung Deutschlands wurde das Sinnbild für Wohlstand und Reisefreiheit im Westen, Mangelwirtschaft und Konsumhunger im Osten, zum Symbol des Mauerfalls. Auf die Klischeebilder der Mainstream-Medien zu diesem Thema reagierte die Satirezeitschrift *Titanic* im November 1989 auf ihre Weise. Vom Cover strahlt als »Zonen-Gaby im Glück« eine schlecht gekleidete junge Frau mit peinlicher Frisur und ungepflegten Zähnen in die Kamera: »Meine erste Banane«. In der Hand hält sie eine auf Bananenart geschälte Salatgurke.

Die Banane wurde auch zum Zeichen der Entfremdung zwischen Ost und West. Längst vergessen war bei vielen Westdeutschen die kindliche Freude am Exotischen, die sie nur wenige Jahrzehnte zuvor selbst empfunden hatten. Überheblich blickten sie auf Ostdeutsche herab, die in westdeutschen Supermärkten die Bananenregale leerkauften und bei Wahlveranstaltungen von Westparteien im Osten begierig nach den Bananen schnappten, die von offenen Lastwagen geworfen wurden. Für einen Eklat sorgte nach der Volkskammerwahl 1990 Otto Schily, damals Mitglied der Grünen, bei einer Bonner Politikerdiskussion. Angesprochen auf das gute Abschneiden der CDU bei den DDR-Wähler:innen hielt er wortlos eine Banane in die Höhe.

WAS IST EINE BANANE WERT?

Mittlerweile ist die Banane längst kein rares Gut mehr. So warfen in den 1980er und 90er Jahren deutsche Fans aus West und Ost Bananen auf Fußballfelder, während sie Affenlaute zum Besten gaben, um ihrer Meinung über bestimmte Spieler Ausdruck zu verleihen. Während ein solches Verhalten im Sport längst verpönt ist und mit harten Strafen geahndet wird, hängten noch

2017 am Tag des Amtsantrittes der ersten schwarzen Vorsitzenden der Hochschülerschaft auf dem Campus der American University von Washington DC Bananen mit rassistischen Aufschriften von Galgenschlingen. Wenige Monate zuvor waren an dieser Universität schwarze Studentinnen mit faulen Bananen konfrontiert. Fruchtige Geringschätzung kann auch andere Gruppen treffen. So erhalten allzu sehr an die US-amerikanische Kultur assimilierte asiatischstämmige Amerikaner:innen die abfällige Bezeichnung »Banane« in der Bedeutung »außen gelb, innen weiß, dazu noch gekrümmt«.

Eine Wertschätzung ganz besonderer Art hingegen mimte der Aktionskünstler David Datuna. Auf der Art Basel in Miami verzehrte er unter großem Medienecho als *hungry artist* die wohl teuerste Banane der Welt. Das Objekt der Begierde, eine mit Textilklebeband an der Wand befestigte Banane, war kurz zuvor um 120.000 US-Dollar verkauft worden. Mit den Worten: »Ich liebe Maurizio Cattelans Kunst, und ich liebe diese Installation wirklich. Sie ist köstlich«, löste er die Banane vor staunendem Publikum und ungehindert durch die Security von der Wand und verputzte das zur Kunst erhobene gute Stück – genüsslich und in aller Ruhe.

Ganz im Gegensatz zu Catellans Objekt erzielen Bananen auf dem Weltmarkt lediglich Preise zwischen 15 und 18 Euro pro Kiste zu 18,14 Kilogramm (selbstredend nicht eingerechnet die Drogen aus den Erzeugerländern, die immer wieder zwischen den Früchten versteckt gefunden werden). Entsprechend niedrig sind die Einkünfte der Bäuerinnen, Bauern und Arbeiter:innen, entsprechend hoch ist der Druck auf die Ertragsleistung mit extrem negativen Folgen für die Umwelt und die Gesundheit der Menschen in den Anbauregionen. Als Reaktion mündeten Solidaritätsbewegungen in die Gründung von Non-Profit-Organisationen zur Unterstützung kleinbäuerlicher Strukturen, zum Beispiel *BanaFair* in Lateinamerika und der Karibik.

Den Produktionsbedingungen schenkte die Europäische Union mit der Bananenmarktordnung allerdings kein Augenmerk. Das 1993 in Kraft gesetzte Regelwerk mit Zollquoten und Einfuhrlizenzen dient lediglich der Marktregelung zugunsten von Bananen aus Mitgliedsstaaten (hauptsächlich von den Kanarischen Inseln) und AKP-Bananen (aus Afrika, der Karibik und dem Pazifikraum – großteils aus ehemaligen britischen und französischen Kolonien). Dennoch dominieren US-amerikanische Bananenkonzerne durch Tricks nach wie vor den Markt. Hauptlieferländer von Obstbananen sind Ecuador, Kolumbien, Costa Rica und die Dominikanische Republik.

Ebenfalls im Jahr 1993 wurde *Euroban* gegründet, ein von *Banana Link* koordiniertes Netzwerk europäischer Nichtregierungsorganisationen, das in Kooperation mit NGOs und Gewerkschaften auf anderen Kontinenten die Schaffung einer sozial gerechten, wirtschaftlich tragfähigen und umweltverträglichen Tropenfruchtindustrie zum Ziel hat, in der auch kleine Produzenten eine reelle Chance auf eine menschenwürdige Existenz in einem gesunden Umfeld erhalten. Erfreulicherweise steigt in der Europäischen Union der Marktanteil von Bio- und *Fairtrade*-Bananen in den letzten Jahren stetig an. 2020 wiesen weltweit rund 2 Prozent der Bananen Bioqualität auf. In Österreich haben *Fairtrade*-Bananen einen Marktanteil von rund 28 Prozent mit einem Bioanteil von rund 95 Prozent. In Deutschland liegt der Marktanteil bei etwa 17 Prozent mit einem Bioanteil von rund 70 Prozent. Die Schweiz weist einen Marktanteil von rund 56 Prozent mit etwa 61 Prozent Bioanteil auf.

GENAU GENOMMEN EINE BEERE

Kaum jemand käme wohl auf die Idee, dass es sich bei Bananen um Beeren handelt – wie übrigens auch bei Avocados, Gurken, Kürbissen und Tomaten. Die Früchte entstehen auf einer immergrünen Staude, die aus einem unterirdisch waagrecht wachsenden Kriechspross, dem *Rhizom*, entspringt. Die bis zehn Meter Höhe erreichende Pflanze bildet keinen verholzenden Stamm, sondern einen Scheinstamm aus ineinander verschachtelten Blattscheiden. Die ganzrandigen, einfachen Laubblätter sind im Knospenstadium eingerollt. Entfaltet werden sie bis zu drei Meter lang und bis 60 Zentimeter breit. Ältere Blätter sind meist bis zur Mittelrippe vielfach eingerissen.

Nach rund sechs Monaten bilden die Schösslinge Blüten aus. Der große Blütenstand ist endständig, meist hängend, selten aufrecht. Die scheidenartigen Hochblätter sind grün, rot-violett oder braun. Sie fallen nach und nach ab. An der Unterseite jedes Hochblattes sitzen mehrere Blüten in einer oder zwei Reihen. Die weiblichen Blüten mit verkümmerten Staubblättern befinden sich an der Basis des Blütenstandes. Zu dessen Ende hin sitzen röhrenförmige, rasch verblühende männliche Blüten.

Die Blüten werden durch Fledertiere und Vögel bestäubt. Allerdings bilden Zuchtbananen auch ohne Bestäubung Früchte aus und manche Wildbananen haben zwittrige Blüten, die sich selbst bestäuben können. Während die Früchte von wilden Bananen und Zierbananen Samen entwickeln, sind Obstbananen (auch Dessertbananen genannt) steril. Eine Staude kann bis zu 300 Früchte ausbilden. Die meisten Arten sterben nach dem Fruchten ab. Allerdings entstehen normalerweise schon zuvor an den Wurzelknollen neue Sprösslinge, die *Kindel*, die den Fortbestand sichern.

Bananen können ganzjährig angebaut und geerntet werden. Die Früchte sind bei der Ernte immer grün.

Ließe man sie an der Staude reifen, würden sie aufplatzen und das Fruchtfleisch wäre mehlig oder von Insekten befallen. Übrigens sind die unreifen Früchte besonders gesundheitsfördernd. Da die Stärke noch nicht in Zucker umgewandelt ist, haben sie einen niedrigen glykämischen Index und sind eine gute Quelle für Präbiotika. Für alle, die es vergessen haben: Ein niedriger glykämischer Index bedeutet, dass der Blutzuckerspiegel nach dem Verzehr langsam ansteigt und die Sättigung lange anhält. Präbiotika sind Nahrungsbestandteile, die erwünschten Darmbakterien Nahrung bieten. Auf diese Weise lässt sich die Zusammensetzung des Darmmikrobioms positiv beeinflussen. Unreife Bananenschalen sind besonders reich an Antioxidantien, die zahlreiche schwere Erkrankungen verhindern können.

SORTENVIELFALT

Benannt nach Antonius Musa, dem Leibarzt des römischen Kaisers Augustus, wird die Gattung der Bananen nach der Anzahl der Chromosomen in Sektionen eingeteilt: *Eumusa* und *Rhodochlamys* mit 11 Chromosomenpaaren, *Australimusa* und *Callimusa* mit 10 Chromosomenpaaren und die nur eine Art, *Musa ingens*, umfassende Sektion *Ingentimusa* mit 7 Chromosomenpaaren. Wilde Vertreter von *Rhodochlamys* reagieren auf extreme Hitze und Dürre durch Einziehen der Sprosse. Bei Regen treiben sie wieder aus. Interessant ist die Resistenz einiger Arten aus dieser Sektion gegen diverse Pilzerkrankungen. Zahlreiche Wissenschaftler:innen erachteten die Unterscheidungen innerhalb der Gruppen mit gleicher Chromosomenzahl als irrelevant, weshalb häufig nur noch von *Eumusa* und *Callimusa* die Rede ist; *Ingentimusa* wurde der Sektion *Callimusa* zugeordnet.

Die meisten essbaren Bananen stammen aus der Sektion *Eumusa* und sind Varietäten von *Musa acuminata* oder Hybride mit *Musa balbisiana,* die mit *Musa x paradisiaca* bezeichnet werden. Der alte Name *Musa sapientum* ist nicht mehr gebräuchlich. An Zuchtbananen existieren mittlerweile rund 1.000 Arten mit essbarem Fruchtfleisch. Die meisten Sorten werden lokal genossen und sind in Europa unbekannt. Hier dominieren Obstbananen, während vor allem in Afrika und Teilen Asiens Gemüsebananen (auch als Koch-, Mehl- oder Pferdebananen bezeichnet) ein Grundnahrungsmittel darstellen, ähnlich wie Kartoffeln in der nördlichen Hemisphäre. Die Faserbanane, *Musa textilis*, mit ungenießbaren Früchten ist vorwiegend in Indonesien verbreitet. Sie bildet in den Blattscheiden Fasern aus, die als *Manilahanf* zur Herstellung von salzwasserresistenten Netzen und Schiffstauen dienen. Zur Familie der Bananen zählen auch die in Afrika und Asien verbreiteten Mitglieder der Gattung *Ensete* mit rund zehn Arten, darunter die nur als Dekor und Tierfutter geeignete Elefanten- oder Schneebanane, *Ensete glaucum*. Von wirtschaftlicher Bedeutung ist die in unseren Breiten als Zierbanane bezeichnete *Ensete ventricosum* mit ungenießbaren Früchten, jedoch genießbarem Scheinstamm und stärkereichem Wurzelstock. Dass die Pflanze auch unter dem Namen Abessinische Faserbanane bekannt ist, zeugt von deren wirtschaftlicher Bedeutung als Faserlieferant. Züchter von Obstbananen richten ihr Augenmerk nunmehr verstärkt auf die Gene von *Ensete*-Arten – wegen deren Resistenz gegen Pilzerkrankungen.

Bis zur Mitte des 20. Jahrhunderts dominierte bei den Obstbananen die Sorte *Gros Michel* den internationalen Bananenmarkt. Sie taucht in den Aufzeichnungen erstmals 1830 auf, als der französische Pflanzer Jean Pouyat die Art auf der Karibikinsel Martinique wachsen sah. Ihren Erfolg verdankt die Gros Michel ihren großen Büscheln und ihrer robusten Schale sowie der guten Transportfähigkeit. Allerdings führte ihre Anfälligkeit für die Pilzkrankheit Fusariumwelke (Panama-Krankheit) bereits 1890 zu großflächigen Infektionen in Zentralamerika. Obwohl bereits 1910 resistente Sorten entdeckt worden waren, erfolgte ein Sortenwechsel erst in den 1950er Jahren nach dem Eintritt Ecuadors in den Bananenhandel. Die von *Fusarium oxysporum* befallenen Böden wurden mit resistenten *Cavendish*-Sorten bepflanzt, die zwar weniger cremig als die Gros Michel sind, in Blindverkostungen jedoch stets bevorzugt werden. Mittlerweile bedroht ein neuer Stamm dieses Pilzes, *Fusarium odoratissimum*, auch die Cavendish-Sorten.

Ernährungstechnisch bedeutsam ist die Gruppe der *Fe'i*-Bananen, die von den Molukken über Indonesien bis Tahiti wachsen. Die Pflanzen mit aufrechtem Blütenstand, rotem bis purpurnen Saft und dunkelgelben bis orangefarbenen Früchten zeichnen sich durch einen besonders hohen Gehalt an Karotinoiden aus, die der menschliche Körper in Vitamin A umwandeln kann. Ihr Anbau ging zurück, da sie lange für die Entwicklung der Früchte brauchen, wenige Kindel erzeugen und anfällig für Krankheiten und Schädlinge sind. Dennoch laufen neuerdings Förderprogramme für die Kultivierung, vor allem in Regionen mit ausgeprägtem Vitamin-A-Mangel.

Hauptanbauländer für Bananen sind Indien mit über 31.500.000 Tonnen (Daten aus 2020), gefolgt von Festlandchina (> 11.513.000 t), Indonesien (rund 8.180.000 t), Brasilien (> 6.637.000 t), Ecuador (> 6.023.000 t), den Philippinen (> 5.955.000 t), Guatemala (> 4.476.000 t) und Angola (> 4.115.000 t). Die größten Exporteure von Bananen waren 2020 Ecuador, die Philippinen, Costa Rica, Kolumbien und Guatemala. Die höchsten Zuwachsraten unter den Spitzenexporteuren verzeichneten von 2019 auf 2020 die Elfenbeinküste, die Dominikanische Republik und Honduras. Die Exportmengen können von Jahr zu Jahr stark schwanken, da in zahlreichen Anbauregionen die Gefahr von Orkanen und Starkregen hoch ist.

GRUNDNAHRUNGSMITTEL UND TOTEM

Bananen zählen neben Reis, Weizen und Mais zu den wichtigsten Nahrungspflanzen. Sie gehören nicht nur zu den wichtigsten Handelspflanzen weltweit. In tropischen und subtropischen Regionen werden mehr als 85 Prozent der Bananen für den lokalen Verzehr angebaut und liefern vor allem in Schwellenländern einen nicht zu unterschätzenden Anteil am täglichen Energie- und Nährstoffbedarf. Bananenmehl ist in Kombination mit Milchpulver, Vitaminen und Mineralstoffen – sowie leider auch Zucker – ein weit verbreitetes Babynahrungsmittel.

Als Medizin, Verpackungsmaterial vor allem für Nahrungsmittel, als Färbemittel, Baustoff, Material für Seile, Kleidung, Schmuck (aus Samen), Regenschirm, Zigarettenpapier, Teefilter, Industriefilter, Floß, Kinderspielzeug, in Form von Asche als Gewürz, Tätowierfarbe und Waschmittel sind sämtliche Teile der Bananenpflanze vielfältig in Verwendung. In zahlreichen Regionen Papua Neuguineas stellen Produkte aus Bananenfasern die Grundlage für den Wohlstand von Frauen dar. In vielen Regionen Indiens dienen Bananenpflanzen als lebendige Kühlschränke. Gemüse, Früchte und Betelblätter werden zwischen die Blätter gelegt und bleiben so monatelang frisch.

Die imposanten Pflanzen bieten bei Zeremonien und Übergangsritualen wie Hochzeiten und Begräbnissen dekorativen Schutz sowohl als Kleidung und Körperbemalung oder Maske wie auch als symbolträchtige Paraphernalien. Sie gelten als Sinnbild des Überflusses und Metapher für die Sterblichkeit. Die Verbindung mit dem Tod liegt wegen des Absterbens der Pflanze nach dem Fruchten nahe und hat nichts mit der Strahlung zu tun, die Bananen aussenden. Wie alle Lebewesen auf der Erde strahlen auch kaliumhaltige Bananen sehr geringe Mengen an Radioaktivität ab, die auf den natürlichen Gehalt an K-40 zurückgeht, einem von mehreren Kalium-Isotopen. Die von einer Banane ausgehende Strahlung beträgt rund 15 Becquerel oder 0,1 Mikrosievert und wird als *Bananenäquivalenzdosis* bezeichnet. Diese Dosis entspricht rund 1 Prozent der durchschnittlichen täglichen Strahlenbelastung und ist 50 Mal geringer als eine Röntgenaufnahme beim Zahnarzt und 400 Mal weniger als ein Flug quer über die USA. Die geringe Strahlungsdosis der Bananen ist nicht gefährlich; sie regt laut den Vertretern der Theorie der *Strahlungshormese* sogar körpereigene Abwehrmechanismen an, die eine Reduktion von Mutationen und Krebserkrankungen bewirken.

EIN SCHLIMMER FINGER IM AMERICAN DREAM

Bananen sind Starkzehrer, das heißt, sie benötigen zum Wachsen reichlich Nährstoffe und laugen folglich die Böden rasch aus. Damit Dünger und Pestizide gezielter ausgebracht werden können, wird der Boden mithilfe von Herbiziden von Bewuchs freigehalten. Daher wird mit jedem Regen die ungeschützte dünne fruchtbare Schicht in die Flüsse und letztlich Meere geschwemmt. Nach rund 12 Jahren ist die Plantage nicht mehr rentabel und es muss eine neue angelegt werden. Das bedeutet Brachflächen, die sich nicht mehr oder nur sehr langsam erholen, sowie für das lokale und globale Klima problematische Rodungen mit einem massiven Rückgang der Artenvielfalt. Nicht selten werden Menschen vertrieben, um auf deren Land Plantagen anzulegen. Auch der enorme Wasserbedarf von Bananen stellt für viele Regionen eine ernsthafte Belastung mit massiven Langzeitschäden dar.

Zudem fördert der Anbau in Monokulturen die rasche Ausbreitung von Schädlingen. Der Usus, abgeerntete Pflanzen einfach auf dem Boden liegen zu lassen, führt zu einer starken Vermehrung von Pilzsporen, allen voran jenen des gefürchteten *Sigatoka*. Alle Bananenarten sind anfällig für Pilzerkrankungen, Viren und Nematoden, weshalb im konventionellen Anbau mehrmals jährlich reichlich Spritzmittel angewendet werden. Viele dieser Chemikalien sind in den Industrieländern bereits verboten oder deren Verwendung ist stark reglementiert. Die Spritzmittel werden teils durch ungeschützte Arbeiter:innen mittels Rückenspritze ausgebracht, teils mit Flugzeugen über Plantagen, Flüsse, Wohnhäuser und Spielplätze verteilt. Zum Schutz der Bananenbüschel vor Kälte und zu starker Sonneneinstrahlung werden ihnen riesige Plastiksäcke übergestülpt, die meist ein Insektengift enthalten und als Müll nicht selten in den Meeren landen, wo sie zur tödlichen Falle für Meeresbewohner werden. Produktion und Vermarktung dominieren wenige multinationale Konzerne, die ihre Monopolstellung auch als Arbeitgeber ausnutzen und in deren Bilanzen die sozialen und ökologischen Kosten in den Produktionsländern nicht aufscheinen.

Wegen der Anfälligkeit der Bananen für Pilzerkrankungen werden die meisten Bio-Bananen in Gebieten mit weniger als 600 mm Niederschlag pro Jahr und langen Trockenperioden angebaut und/oder in Mischkultur als Unterwuchs unter Bäumen gezogen, da sich der *Schwarze Sigatokapilz* auf beschatteten Blättern nicht gut festsetzen kann. Für die ökologische Erzeugung steht eine Vielzahl verschiedener Genotypen mit hervorragendem Geschmack zur Verfügung. Einige von ihnen sind resistent gegen bestimmte Krankheitserreger. Der Erfolg alternativer Züchtungen bleibt jedoch nicht selten lokal beschränkt, da auf dem internationalen Markt perfekte Früchte in Standardform und -größe mit einem »kosmetischen« Gesamterscheinungsbild ohne sichtbaren Makel gefordert werden. Hier ist eine Aufklärung der Konsument:innen und Vermarkter über die negativen Auswirkungen solcher Exportnormen angezeigt und die Akzeptanz jener Bananen zu fördern, die zwar nicht perfekt aussehen, aber insgesamt einen besseren ökologischen Stammbaum aufweisen.

Die Problematik überhöhter Standards sei am Beispiel der Bananenproduktion im australischen North Queensland illustriert: Laut einer Studie aus dem Jahr 2021 werden zwischen 10 und 30 Prozent der Bananenernte bereits auf der Plantage aussortiert. Davon sind 78 Prozent auf kosmetische Mängel zurückzuführen, was einer Gesamtmenge von 37.000 Tonnen pro Jahr entspricht. Diese Abfälle bedeuten einen Verlust von 137 Milliarden Kilojoule und damit einhergehend von Makro- und Mikronährstoffen. Die Ökobilanz ergab, dass in den Abfällen etwa 16.300 Tonnen Kohlendioxid-Emissionen, über 11 Gigaliter (11.000.000.000 Liter) Wasser sowie andere natürliche Ressourcen enthalten sind. Es entsteht ein branchenweiter wirtschaftlicher Verlust von etwa 26,9 Millionen Australische Dollar pro Jahr.

Das Aussortieren von Früchten ist nicht neu. Bereits in den 1880er Jahren entdeckte ein Elfjähriger russischer Immigrant an den Docks von Mobile, Alabama, dass reife Bananen beim Löschen der Schiffsladungen ausgesondert wurden, da sie bis zur Auslieferung im Landesinneren verdorben sein würden. Der schlaue Beobachter, Sam Zemurray, erwarb die aussortierten Bananen für ein Spottgeld, um sie zum sofortigen Genuss mit gutem Gewinn im Umland zu verkaufen. Er war so geschäftstüchtig, dass er 1905 eine Dampfschiffgesellschaft erwerben konnte und kurz danach die *Cuyamel Fruit Company*. Der Kauf von 2.000 Hektar Land in Honduras im Jahr 1910 bedeutete den Sprung vom Importeur zum Produzenten einschließlich der gängigen Einmischung in die Innenpolitik der betroffenen Länder durch Bestechung und Unterstützung von Staatsstreichen. Das politisch instabile, stark verschuldete Land ermöglichte US-amerikanischen Konzernen den Zugang zum honduranischen Markt, zunächst als Reedereien, dann als Bergbau- und Eisenbahngesellschaften sowie Bananenproduzenten, steuerschonend bis steuerbefreit, versteht sich. Die größten Akteure in dieser Wirtschaftsenklave waren *Standard Fruit*, *Cuyamel Fruit Company* und *United Fruit*.

Unter dem Eindruck der Verflechtungen des Bananenhandels mit der Einflussnahme Außenstehender, die der Schriftsteller O. Henry bei seinem Aufenthalt in Honduras 1896 und 1897 wahrgenommen hatte, prägte er den Begriff *Bananenrepublik* für ein Land, das von einer korrupten Oligarchie wie ein Privatunternehmen zur Maximierung der Gewinne der herrschenden Klasse auf Kosten der Bevölkerung geführt wird. Die griffige Bezeichnung verbreitete sich rasch. So beweint etwa der chilenische Dichter Pablo Neruda in seinem Gedicht *The United Fruit Co.*, dass die »zarte Taille der beiden Amerikas« zur Bananenrepublik verkommt. Großbritannien muss sich übrigens immer wieder die Steigerungsform *Bananenmonarchie* gefallen lassen.

Es blieb nicht allein bei der Dominanz US-amerikanischer Konzerne. Da die schlechten Lebens- und Arbeitsbedingungen eines Großteils der Bevölkerung wiederholt zu Aufständen führten, intervenierten die USA ab 1898 in Zentralamerika und der Karibik. Die als *Bananenkriege* in die Geschichte eingegangenen militärischen

Besetzungen und Polizeiaktionen dienten der Wahrung US-amerikanischer ökonomischer, politischer und militärischer Interessen sowie zur Sicherung des Panamakanals. Unter Präsident Roosevelt endeten die Kriege mit der *Politik der guten Nachbarschaft*. Ob damit gemeint war, wie im Fall Guatemala 1953, dass United Fruit und das US State Department gemeinsam eine Kampagne gegen die demokratisch gewählte Regierung unter Jacobo Árbenz Guzmán ritten, die brach liegendes Land der United Fruit an die lokalen Bauern zurückgeben wollte? Apropos (nicht) zurückgeben: Zemurray wurde gefeiert, weil er seine große Sammlung von Maya-Artefakten, die auf den Bananenfeldern gefunden worden waren, der Tulane University schenkte. Ob Kunstraub unter gute Nachbarschaft fällt?

Als bessere Nachbarn handelten 1974 Kolumbien, Costa Rica, Ecuador, Guatemala, Honduras, Nicaragua und Panama als *Union bananenexportierender Länder* mit dem Ziel, eine höhere Vergütung seitens des aus drei Firmen bestehenden US-amerikanischen Bananenhandelsoligopols zu erreichen. Allerdings scheiterten Versuche an den Drohungen der Konzerne, sich aus den Ländern zurückzuziehen. Im Folgejahr kam es zu *Bananagate*. Der Vorsitzende der *United Brands Company* (zuvor *United Fruits*), Eli M. Black, sprang aus dem 44. Stockwerk des PanAm-Gebäudes in Manhattan. Es war ruchbar geworden, dass die Firma den honduranischen Präsidenten Oswaldo Lopez Arellano mit 3 Millionen US-Dollar bestochen hatte. Bestechung war nicht illegal. Verboten war lediglich die Geheimhaltung der Bestechung gegenüber den Aktionären.

Der fatale Ausrutscher bringt uns zurück zur Frucht, genauer gesagt, zu deren Schale.

WAS BRINGEN BANANENSCHALEN – AUSSER ZU FALL?

Die Vorliebe von Affen für Bananen ist sprichwörtlich. Von ihnen können wir lernen, wie man sie richtig schält. Die meisten Menschen neigen dazu, die Frucht vom Stielende her zu enthüllen – und kämpfen dann mit matschigem Fruchtfleisch und klebrigen Fäden, die von der Banane in Richtung Kleidung baumeln. Affen hingegen schälen von der anderen Seite und genießen weitgehend unverklebt. Doch was nun tun mit der Schale?

Wegwerfen war gestern. Schlaue Köpfe finden immer neue interessante Verwendungsmöglichkeiten. So gewann 2013 die 16-jährige Elif Bilgin den Wettbewerb *Scientific American Science in Action* mit einer Methode zur Herstellung von Kunststoff aus Bananenschalen. Im Fachjournal *Science* berichten Wissenschaftler 2022 von einem preisgünstigen Verfahren zur Gewinnung von Wasserstoff, Biokohle und anderen als Brennstoff nutzbaren Kohlenwasserstoffverbindungen aus Biomasse. Für die Studie wurden Bananenschalen getrocknet, pulverisiert und mit einer Xenonlampe geblitzt. Abzüglich der aufgewendeten Energie für die Vorbereitung des Materials konnten aus 1 Kilogramm getrockneten Bananenschalen über 4 Megajoule (das sind 4 Millionen Joule!) Energie in Form von Wasserstoff und Biokohle erzeugt werden.

Biokohle funktioniert nicht nur als potentes Absorptionsmittel für Schwermetalle, Öl und andere Schadstoffe, sie kann überdies zur Herstellung von Elektroden oder als Dünger dienen. Düngen geht allerdings auch unkomplizierter: Einfach Bananenschalen auf die Erde rund um die Stiele der Pflanzen legen. Sie versorgen die Gewächse die ganze Saison über. Alternativ die Schalen über Nacht in Wasser einweichen und die Flüssigkeit anderntags im Verhältnis 1:5 mit reinem Wasser gemischt zum Gießen von Zimmerpflanzen verwenden.

Im Kompost zersetzen sich Bananenschalen rasch zu gutem Dünger.

Nicht nur als Pflanzennahrung sind Bananenschalen ein Gewinn. Schon die Einwohner der Ursprungsgebiete der Bananen wussten: Hühner, Kaninchen, Schweine und andere Haustiere freuen sich über Bananenschalen im Futter. Auch andere Tiere schätzen Bananenschalen. Diese Tatsache lässt sich zum Bau einer Falle für Fruchtfliegen nutzen: Ein Stück Bananenschale in einen Behälter mit Deckel legen. In den Deckel kleine Löcher bohren und den Deckel auf den Behälter legen. Nach ein bis zwei Tagen die Schale erneuern. Um im Garten Blattläuse und anderes gefräßiges Getier von den Pflanzen wegzulocken bohrt man/frau/kind rund um die befallenen Exemplare kleine Löcher in die Erde und befüllt sie mit Stückchen von Bananenschalen.

Auch im Haushalt sind Bananenschalen nützlich, wie der beliebte britische Schriftsteller P. G. Wodehouse erzählt. Seine amüsanten Satiren auf die englische Gesellschaft weisen eine ausgeprägte Liebe zum Detail auf und sind daher eine reichhaltige Quelle für Informationen über das britische Alltagsleben Anfang des 20. Jahrhunderts. So verrät die Lektüre des *Tupenny Millionaire*, dass Lederschuhe dandyhaft schön glänzen, wenn man sie mit der Innenseite einer Bananenschale putzt. Man reibt die Schuhe mit der Schale ab und poliert nach kurzer Einwirkzeit mit einem trockenen Tuch nach. Eine Silberpolitur lässt sich einfach durch Pürieren einer Bananenschale mit etwas Wasser herstellen.

Wegen ihres Gehaltes an Nähr- und Ballaststoffen sowie einiger Stoffe mit pharmazeutischer Wirkung wird die Möglichkeit der Nutzung von Bananenschalen als Nahrungsergänzungsmittel und zur Aufwertung konventioneller Produkte der Lebensmittelindustrie zu gesundheitsförderndem *functional food* untersucht. Selbst die auf der Oberfläche von Bananenschalen lebenden Mikroorganismen lassen sich nutzen, zum Beispiel zum Abbau von Zellulose und Pektin. Nicht zuletzt seien die hervorragenden antioxidativen und desinfizierenden Eigenschaften der Bananenschale erwähnt, die sie als natürliches Konservierungsmittel (überdies mit gutem Aroma) für Lebensmittel und Getränke ebenso interessant macht wie als Kosmetikum und Arznei.

MEDIZIN DER AHNEN

Sogar als Medizin ist die Schale nützlich, vor allem die unreife, die besonders reich an Antioxidantien ist, wie die Bewohner:innen der Ursprungsländer der Bananen seit Jahrtausenden wissen: Das Abreiben von Schürfwunden und Verbrennungen mit der Innenseite einer Bananenschale stillt den Schmerz, mildert die Schwellung und verhindert Infektionen. Auch Akne-Narben sollen mit dieser Behandlung nach einigen Wochen täglicher Einwirkzeit von 30 Minuten flacher werden. Die wundheilende und antibakterielle Wirkung macht Bananenschalen zu einem Forschungsthema der Kosmetikindustrie, die bereits Bananenblattextrakt zur Hautaufhellung und als Antiaging-Mittel nutzt.

Eine Tinktur aus der Schale verwendet man seit Jahrtausenden zur Heilung von Magen- und Darmerkrankungen. Die Schalen sind eine vielversprechende Quelle von L-Dopa und Dopamin; sie werden daher auf ihre Eignung zur Entwicklung von Medikamenten gegen Parkinson untersucht. Schalen von Gemüsebananen enthalten unter anderem Rutin, das gegen Venenschwäche wirkt. Splitter sollen sich mit Bananenschalen innerhalb von 30 Minuten aus der Haut ziehen lassen – ich war zugegebenermaßen zu wehleidig für einen Selbstversuch. Als Zugpflaster bei Furunkeln dienen die Schalen mitsamt dem Fruchtfleisch.

Das Fruchtfleisch der reifen Früchte enthält reichlich Hydroxyzimtsäure, die gegen oxidative Schäden und Infektionen wirkt. Bananen werden daher gerne gegen Durchfall und Ruhr eingesetzt. Wegen des hohen Kaliumgehaltes sind die Früchte gut gegen Bluthochdruck, jedoch nicht geeignet für Personen mit Nierenversagen. Auch Fruktose ist reichlich vorhanden. Darüber hinaus enthalten die Früchte vor allem auch Magnesium, die Vitamine B6 und C sowie Ballaststoffe. Ihr Gehalt an L-Dopamin macht sie interessant als Mittel gegen Depressionen.

Der Saft des Pseudostammes, des Blütenstandes und der Wurzeln ist blutstillend und behandelt Fieber, Wunden, Diabetes, Vergiftungen, Magen-Darm-Erkrankungen und Harnwegsinfekte. Auch als Mundspülung und Haarwasser ist er in Gebrauch. Aufgüsse und Abkochungen von Blättern, Blüten, Wurzeln und dem Pseudostamm lindern innere Blutungen, Magen-Darm-Erkrankungen, Verbrennungen und Schwellungen.

Extrakte von Schalen, Fruchtfleisch, Pseudostamm und Blütenblättern zeigen im Labor- und Tierversuch starke Wirkung sowohl gegen Infektionen durch Bakterien und Pilze als auch gegen Nierensteine sowie gegen unterschiedliche Tumorarten.

Für Gelassenheit und Zufriedenheit sorgen in der Banane die Aminosäure Tryptophan, die zum »Glückshormon« Serotonin umgebaut wird, und Kohlenhydrate, die eine Ausschüttung von Neurotransmittern wie Serotonin im Gehirn fördern. Da Serotonin zum schlaffördernden Melatonin umgebaut wird, tragen Bananen zum allgemeinen Wohlbefinden bei. Fehlt also nur noch gutes Essen. Auch dafür haben Bananen einiges zu bieten.

KULINARISCHE FREUDEN

Die gesamte Bananenpflanze eignet sich zur Verwendung in der Küche. Bananenblätter verleihen den Speisen ein feines Bananenaroma und eine saftige Konsistenz. Sie finden als Teller (auch in Tempeln für Opfergaben), als Hülle zum Backen oder Garen im Erdofen und als Verpackung zum Mitnehmen von Speisen Verwendung. Die Fäden der Bananenblätter eignen sich zum Binden der Blätter. Der Wurzelstock, junge Sprösslinge, Blattscheiden und der innere Teil des Pseudostammes werden gekocht genossen. Die Hochblätter und der fleischige weißliche Kern von Bananenblüten sind roh oder gekocht vorwiegend in der südostasiatischen Küche zu finden. Die Blüten erinnern ein wenig an Artischocken mit ihren eng übereinandergeschichteten Blättern und dem fein-herben Aroma. Der Nektar männlicher Blüten dient als Säuglingsnahrung, getrocknete Blüten und die Asche der gesamten Pflanze als Gewürz.

Nicht zuletzt sind natürlich die Früchte interessant. Das Fleisch von Obstbananen schmeckt roh, gebraten, gegrillt und gebacken. Im Gegensatz dazu ist das milde bis zart säuerliche Fruchtfleisch von Gemüsebananen nicht roh genießbar. Im grünen Zustand ist das Fruchtfleisch eher mehlig, sehr reife Früchte werden zart süß und ein wenig weicher. Gemüsebananen werden gekocht, gebraten, gebacken oder gegrillt und behalten auch nach dem Erhitzen ihre Form. Zum Haltbarmachen werden Bananen eingelegt, eingekocht, zu Chips gebacken und getrocknet zu Flocken oder Mehl verarbeitet.

Auch Bier wird aus Bananen gebraut, ist jedoch laut Auskunft der Autorin des ebenso informativen wie amüsanten Buches *Hirse, Hopfen, Wurzelbier* zumindest in Afrika vielerorts nur Hartgesottenen zu empfehlen. Schlammfarben, trüb, ohne Kohlensäure und besonderes Aroma, dafür extrem süß, ist das mitunter auch als Bananenwein bezeichnete Gebräu für europäische Gaumen eine Herausforderung.

Sogar die Schalen (ungespritzter) Bananen sind genießbar – roh in Smoothies und Cremes, kandiert, sauer eingelegt, als Chutney oder Curry. Bananenschalen, in der Pfanne mitgebraten, machen Fleisch und Fisch zarter und saftiger.

Bananen sind sehr »gutmütig«, wenn es ums Würzen geht. Früchte und Schalen vertragen sich mit so gut wie allen Aromen. Besonders köstlich sind Kombinationen mit rosa Beeren, Thymian, Koriandersamen, Chili, geröstetem Sesam, Wacholderbeeren, Zimt, Vanille, Karamell, Zitronen-, Limetten- oder Orangenschale, getrockneten Sauerkirschen, Tonkabohne, Nüssen, Kakao und Schokolade, Kaffee, Rum oder Cognac.

BANANEN UND ANDERE ZUTATEN

Bananen produzieren – wie Äpfel auch – Methan. Dieses Gas fördert den Reifungsprozess. Wer also rasch reife Bananen möchte, lässt sie im Büschel beieinander und legt noch zwei Äpfel dazu. Sollen die Bananen langsam nachreifen, legt man sie einzeln an einem kühlen dunklen Platz und nicht in die Nähe von Äpfeln. Der Kühlschrank ist kein idealer Lagerplatz, zumindest nicht für unreife Bananen – die Früchte verlieren ihr Aroma und werden rasch grau.

Die spröden Bananenblätter sollten immer nur in Faserrichtung abgewischt werden, damit sie nicht reißen. Um sie biegsamer zu machen, kocht man sie vor der Verwendung einige Minuten in Wasser und tupft sie vorsichtig trocken. Mit einer Schere wird der stärkste Nerv an der Seite weggeschnitten. Er dient nach Belieben zum Schnüren der Pakete. Bananenblüten sind mitunter in Spezialitätenläden erhältlich. Am besten sind möglichst kleine, sehr frische Blüten.

Die Rezepte sind – wenn nicht anders angegeben – für vier Personen berechnet. Bei den Zutaten wird zwischen Obstbananen und Gemüsebananen unterschieden. Gewürze bitte erst kurz vor der Verwendung mahlen oder mörsern. Für ein feines Vanillearoma verwende ich am liebsten ganze gemahlene Vanilleschoten – so entsteht kein Abfall und die Patzerei mit dem Mark entfällt. Was die Mengen anbelangt, hängen diese vom verwendeten Produkt ab: Vanilleschotenmark und Vanilleessenz sind intensiver als gemahlene ganze Schoten. Bitte, wann und wo immer möglich, saisonale und Bio-Zutaten verwenden. Besonders bei der Nutzung der Schalen von Zitrusfrüchten und Bananen sollten die Früchte nicht chemisch behandelt sein. Wer auf Anhieb keine ausreichende Menge an Bananenschalen für ein Rezept zusammenbekommt, friert einfach anfallende Exemplare nach und nach ein.

RAFFINIERTE WÜRZE & WILLKOMMENE GESCHENKE

Wer sich bei Freunden beliebt machen möchte, bringt anstelle der üblichen Flasche Wein eine hausgemachte Köstlichkeit mit – am besten in Kombination mit einem passenden Büchlein aus der Serie der kleinen Gourmandisen.

Bananen-Chutney

Das süß-säuerliche Chutney ist eine reizvolle Ergänzung zu Käse, gegrilltem Gemüse, Fleisch oder Salatdressings. Der Grad der Süße lässt sich auch durch die verwendeten Bananen steuern: Reife Gemüsebananen und vor allem Obstbananen liefern mehr Süße. Die Schalen der Bananen können in den beiden nächstfolgenden Rezepten verwendet werden. Das Rezept ergibt etwa 800 g.

30 g getrocknete Tamarinde • 6 Bananen • 250 ml Apfelessig • 2 EL gehackte Datteln ohne Stein • 1–2 gehackte Knoblauchzehen • ½ Muskatblüte oder 2 TL Currypulver • Salz • Chili nach Belieben

Die Tamarinde in 70 ml kochendem Wasser 60 Minuten einweichen. Hin und wieder mit einem Löffel das Mark ausdrücken.

Die Bananen schälen, in Stücke schneiden, mit Essig, Datteln und Knoblauch pürieren. Mit den Gewürzen etwa 20 Minuten dickflüssig einkochen. Das Tamarindenmark einrühren und das Chutney in sterile Gläser füllen. Dicht verschlossen kühl und dunkel gelagert hält das Chutney gut 2 Monate.

Bananenschalen-Relish

Dieses Rezept ergibt zwei Gläser à 250 ml – eines zum Verschenken, das andere zum Behalten. Das Relish macht sich sehr gut zu gebratenem Gemüse, (Grill-)Käse, hellem Fleisch oder Fisch. Ein Tupfen auf einem Cracker mit einer halben schwarzen Olive oder einem Stückchen Anchovis hält als feiner Gruß aus der Küche hungrige Gäste bei Laune.

6 Schalen von reifen Obstbananen • 2 EL Öl •
1 große gehackte Zwiebel • nach Belieben 1 gehackte
Chilischote • 2 gehackte Knoblauchzehen • 1 reife
Obstbanane in Stückchen • Salz • 1 EL Demerara-
zucker • 1 EL Senfsamen • 1 EL Kurkumapul-
ver • 1 TL Koriandersamen • 3–4 Gewürznelken •
1 Sternanis • 500 ml Orangensaft

Die Bananenschalen in kaltem Wasser 60 Minuten einweichen. Abgießen und mit frischem Wasser 5 Minuten
bei milder Hitze köcheln. Abgießen und in kleine Stücke schneiden.

Das Öl erhitzen. Die Zwiebel und – falls verwendet – die Chilischote darin 5 Minuten bei Mittelhitze
braten. Den Knoblauch hinzufügen und 1 Minute wei-
terbraten. Die Banane, die Bananenschalen und die Gewürze einrühren. Aufkochen lassen. Den Orangensaft
hinzufügen und die Mischung dickflüssig einkochen.

Möglichst heiß in sterilisierte Schraubgläser füllen.
Dicht verschlossen kühl und dunkel gelagert hält das
Relish mindestens 4 Wochen.

Bananenschalen-Ketchup

Dieses Grundrezept schmeckt auch mit grünen Bananen. Es ergibt etwa 500 ml und bietet sich zum Experi-
mentieren an. Wer es scharf mag, fügt zusätzlich Chili
und Senf hinzu, Fans von eher süßlichem Ketchup erhö-
hen die Menge an milder Zwiebel. Wer eine leuchtend
gelbe Farbe möchte, rührt zum Schluss etwas Kurkumapulver in die Masse.

1 große gehackte Zwiebel • 1 EL Öl • 4 große gehack-
te Knoblauchzehen • 100 g Demerarazucker • 100 ml
Apfelessig • 1 EL Senf • 1 TL Schwarzkümmelsamen •
1 TL rosa Beeren • 1 Prise Chilipulver • 4 Obstbana-
nen • 1 TL Kurkumapulver nach Belieben

Die Zwiebel im Öl in einer großen Pfanne glasig dünsten. Die Knoblauchzehen einrühren und 1 Minute braten. Zucker, Essig und Gewürze einrühren, einige Minuten bei Mittelhitze kochen.

Die Bananen mitsamt Schale in sehr feine Scheiben schneiden und in den Pfanneninhalt rühren. Unter gelegentlichem Rühren bei milder Hitze etwa 30 Minuten dick einkochen. Vorsicht, die Mischung blubbert heftig. Nach Belieben Kurkuma einrühren.

Die Mischung pürieren, nochmals aufkochen und sofort in sterilisierte Gläser füllen. Gut verschlossen kühl und dunkel gelagert ist der Ketchup rund 2 Monate haltbar.

VORSPEISEN, SUPPEN, SNACKS & SALATE

Dodo oder Kelewele

Diese in Nigeria und Ghana sehr beliebten Chips aus Gemüsebananen, auch *Plantain Chips* genannt, bekommt man bei Straßenhändlerinnen. Sie passen als Snack oder als Beilage, zum Beispiel zu Ragouts aus Okraschoten, Bohnen oder Linsen, am besten in Tomatensauce oder als Curry.

2 reife, nicht zu weiche Gemüsebananen • ca. 300 ml Öl zum Ausbacken • Salz • 1 kleine gehackte Chilischote oder Chilipulver • 1 TL frischer geriebener Ingwer • nach Belieben 2 TL (geräuchertes) Paprikapulver

Die Bananen schälen und in Scheiben oder kleine Würfel schneiden. Im Öl knusprig braun backen. Auf Küchenpapier abtropfen lassen. Mit den Gewürzen mischen. Kühl und luftdicht aufbewahrt halten die Chips etwa 1 Woche.

Bananenkörbchen

Die Körbchen, *patacones*, sind in Lateinamerika sehr beliebt als Snack und zum Aperitif. Zum Formen gibt es eine spezielle Presse, *pataconera canasta* genannt; mit zwei ineinander passenden kleinen Schöpflöffeln funktioniert das Formen ebenso. Traditionell sind die Körbchen gefüllt mit *salsa rosada* (Mayonnaise, Ketchup, Zucker und Limettensaft), *guacamole* (Avocadocreme), *frijol molido* (pürierte schwarze Bohnen mit Zwiebel, Knoblauch und Koriandergrün) oder *chimichurri* (Tomaten mit Zwiebel, Knoblauch, Limettensaft und Koriandergrün). Hier enthalten sie Erbsencreme.

2 grüne Gemüsebananen • Öl zum Braten • 400 g gekochte Erbsen • 2–3 EL Zitronensaft • Salz • Pfeffer • 1 Frühlingszwiebel in feinen Röllchen • Zitronenzeste • Minzeblättchen

Die Bananen schälen, in 3 cm große Stücke schneiden und im Öl 7–8 Minuten braten. Die Bananenstücke mit zwei Schöpflöffeln zwischen zwei Lagen Plastikfolie (die Bananen kleben sonst an den Schöpflöffeln fest) zu Körbchen pressen. Kurz vor dem Servieren die Folien abziehen und die Körbchen im Öl goldgelb braten. Mit Küchenpapier abtupfen. Für die Füllung die Erbsen mit Zitronensaft, Salz und Pfeffer pürieren, mit dem Großteil der Frühlingszwiebeln mischen. Die Füllung in die Körbchen setzen. Mit Frühlingszwiebel, Zitronenzeste und Minzeblättchen garniert sofort servieren.

Kele ki Sabzi

In wenigen Minuten fertig, spielt dieses Gericht mit süßen und sehr pikanten Aromen. Einfach mit Fladenbrot servieren. Die Bananen sollen reif, aber noch fest sein, damit sie die Form behalten. Wer es weniger süß mag, verwendet reife Gemüsebananen.

1 EL Öl • 1 gehäufter TL Senfsamen • 1 gehäufter TL Asafoetida oder 2 gehackte Knoblauchzehen • 3 geschälte Obstbananen in Scheiben • 1 gehäufter TL Chilipulver • je ½ TL Koriander- und Kreuzkümmelsamen • 1 Messerspitze Kurkuma • Salz nach Geschmack • 2 EL gehacktes Koriandergrün • nach Belieben 1 Prise Rohrohrzucker

Das Öl in einer breiten Pfanne erhitzen, Senfsamen und Asafoetida einrühren und bei Mittelhitze 30 Sekunden braten. Die restlichen Zutaten hinzufügen und unter gelegentlichem Rühren 2 Minuten braten. Sofort servieren.

Wildreis im Bananenblatt

Dieses feine Gemüsegericht eignet sich als Snack zwischendurch oder als Beilage zu allem, was süß-saure Aromen verträgt.

250 g Langkornreis • 50 g Wildreis • Salz • 1 kleines Lorbeerblatt • 1 kleine Stange Lauch in Röllchen • 1 gehackte Knoblauchzehe • 2 EL Öl oder Butter • 2 Karotten in Stiften • 8 Bananenblätter (35 x 30 cm) • 40 g getrocknete Marillen (Aprikosen) in kleinen Stückchen • 50 g gehackte geröstete Cashewkerne oder Erdnüsse • 3 EL Crème fraîche • 2 EL gehackte Petersilie • zerstoßene rosa Beeren • 1 kleine Limette in Scheiben

Die beiden Reissorten in 600 ml gesalzenem Wasser mit dem Lorbeerblatt bei milder Hitze mit Deckel 20 Minuten kochen. Lauch und Knoblauch in 1 EL Öl glasig braten. Die Karotten hinzufügen und 10 Minuten mit Deckel dünsten. Die Bananenblätter mit heißem Wasser überbrühen; mit einem Geschirrtuch sanft trocken tupfen.

Den Backofen auf 180 °C Ober-/Unterhitze vorheizen. Ein Backblech mit Backpapier auslegen. Den Reis mit dem Gemüse, den Marillen, Cashewkernen, Crème fraîche, Petersilie und rosa Beeren mischen. Bei Bedarf mit Salz abschmecken. Je zwei Bananenblätter im 90-Grad-Winkel verdreht übereinanderlegen. Jeweils ¼ der Reismischung in die Mitte des Bananenblattkreuzes setzen. Die Blattränder über der Füllung zusammenschlagen. Die Päckchen mit den Nahtstellen nach unten auf das Blech legen, mit dem restlichen Öl bepinseln und 15 Minuten backen.

Die Päckchen sofort mit Limettenscheiben servieren. Die Blätter erst bei Tisch öffnen, damit das gesamte Aroma zur Geltung kommt.

Speck-Bananen-Knödel

Die *marranitas* werden gerne mit Dips oder Tomatensauce gereicht, hier mit *hogao colombiano*. Kombinationen von Gemüsebananen, Speck und Knoblauch mit unterschiedlichen Ergänzungen sind in Westafrika, der Karibik und Südamerika beliebt, z. B. Tacacho, Mofongo oder Mangú.

300 g durchzogener Speck in kleinen Würfeln •
3 grüne Gemüsebananen • Öl zum Braten • 3 fein
gehackte Knoblauchzehen • 1 fein gehackte Zwiebel •
2 fein gehackte Frühlingszwiebeln • 4 fleischige
gehackte Tomaten • Kreuzkümmel • Salz • Pfeffer

Den Speck bei milder Hitze unter gelegentlichem Rühren knusprig braten. Die Bananen schälen, in etwa 3 cm große Stücke schneiden und im Öl goldgelb braten. Sie sollen in der Mitte noch roh sein. Die Bananen mit einer Gabel zerdrücken und mit 2 Knoblauchzehen und etwas Salz sorgfältig mischen. Jeweils etwa 1 EL von der Bananenmasse auf der Handfläche flach drücken, mit Speck füllen und zu kleinen Knödelchen formen. Die Knödelchen in Öl goldgelb backen und mit folgender Tomatensauce servieren: Die Zwiebel, Frühlingszwiebeln und restliche Knoblauchzehe in 2 EL Öl glasig dünsten. Die Tomaten, Kreuzkümmel, Salz und Pfeffer hinzufügen. Unter gelegentlichem Rühren 10 Minuten bei milder Hitze köcheln.

Frischkäse und Quitte im Bananenblatt

Eine Freundin in Bogota machte diesen Snack jeden Tag. Sie legte kleine süße Obstbananen mit ins Blatt. Zusammen mit dem Quittenmus war mir das zu süß. Hier meine Version.

12 dünne Scheiben halbreife Gemüsebanane • 1 EL Öl • 1 Bananenblatt in 4 Teilen • 100 g Quittenmus oder -brot • 400 g junger Ziegenkäse

Den Backofen auf 200 °C vorheizen. Die Bananenscheiben im Öl beidseits goldgelb braten. Ein Backblech mit Backpapier auslegen. Die Bananenblätter auflegen und das Quittenmus mittig in einem Streifen darauf verteilen. Den Käse in fingerdicke Stäbchen schneiden und auf das Quittenmus legen. Die Bananenscheiben darauf verteilen und die Blattränder umschlagen, sodass die Füllung nicht ausrinnen kann. Die Päckchen mit der Nahtseite nach unten auf das Backblech legen und 15 Minuten backen.

Grüne Bananensuppe

Dieses Grundrezept lässt sich mit Lauch oder Frühlingszwiebeln, Croûtons, geriebenem Käse oder gebratenen
Tofuwürfeln ausbauen.

*1 gehackte Zwiebel • 3 gehackte Knoblauchzehen •
2 EL Öl • 3 grüne Gemüsebananen • 800 ml Gemüse-
oder Hühnerfond • nach Belieben 2 gehackte Tomaten • 2 EL gehackte Petersilie oder Korianderblätter*

Zwiebel und Knoblauch im Öl glasig dünsten. Die Ba-
nanen schälen, in Stücke schneiden und 3 Minuten mit-
braten. Mit dem Fond aufgießen, falls verwendet, die
Tomaten hinzufügen, den Topfdeckel aufsetzen und die
Suppe kochen, bis die Bananen schön weich sind. Die
Suppe pürieren und mit den Kräutern bestreut servieren.

Okra-Suppe mit Bananen

*100 g grüne oder braune Linsen • 1 Lorbeerblatt •
2 gehackte Knoblauchzehen • 1 EL ÖL • 400 g Okraschoten in fingerdicken Stücken • 2 TL Currypulver •
600 ml Gemüse- oder Hühnerfond • 2 EL Crème
fraîche • 2 nicht allzu reife Obstbananen in dicken
Scheiben • Salz • 2 EL fein gehacktes Koriandergrün*

Die Linsen knapp mit Wasser bedeckt mit dem Lorbeerblatt je nach Sorte 25–30 Minuten kochen. Ausdampfen
lassen. Den Knoblauch im Öl anbraten, die Okraschoten
einrühren und kurz mitbraten. Das Currypulver einrühren. Den Fond zugießen und 8–10 Minuten unter gelegentlichem Rühren sanft köcheln, bis die Okraschoten
weich sind. Die Linsen, Crème fraîche und Bananenscheiben einrühren und kurz erwärmen. Mit Salz abschmecken und mit Koriandergrün bestreut servieren.

Bananen-Spinat-Salat

Der Salat eignet sich als Vorspeise und Beilage oder – ergänzt mit Gebäck – als leichtes Hauptgericht

*1 kleine reife Gemüsebanane • 4 EL Öl • 1–2 EL
Pinienkerne • 2 EL Himbeeressig • Salz • rosa
Beeren • 150 g sehr junger Blattspinat •
2 Frühlingszwiebeln*

Die Gemüsebanane schälen, in feine Scheiben schneiden und im Öl beidseits goldgelb braten. Abkühlen lassen. Die Pinienkerne in einer trockenen Pfanne goldgelb rösten. Aus dem Bananenbratöl, Himbeeressig, Salz und rosa Beeren ein Dressing rühren. Den Blattspinat auf Tellern anrichten. Die Frühlingszwiebeln in Röllchen schneiden und über den Spinat streuen. Mit dem Dressing beträufeln. Die Bananenscheiben und Pinienkerne darauf verteilen und sofort servieren.

Gurken-Bananen-Salat oder -Kaltschale

Erfrischend fruchtig mit pikanter Note – püriert als Kaltschale großartig.

*1 sehr fein gehackte Knoblauchzehe • 2 EL Limettensaft • 2 TL fein geriebene Limettenschale • 2–3 fein
gestoßene Wacholderbeeren • Salz • schwarzer Pfeffer • 3 EL kalt gepresstes Mandelöl • 1 Salatgurke •
1 nicht allzu reife Obstbanane • 1 EL Schnittlauchröllchen*

Für das Dressing Knoblauch, Limettensaft und -schale, Wacholderbeeren, Salz, Pfeffer und Mandelöl verrühren. Die Gurke schälen, in feine Scheiben oder Späne hobeln und mit dem Dressing mischen; gekühlt etwa 60 Minuten ziehen lassen. Die Banane schälen, in feine Würfel schneiden und mit der Gurke vermengen. Schnittlauch darüberstreuen.

Chicorée mit Bananendressing

Der zartbittere Chicorée balanciert schön die Süße der Banane aus.

1 Obstbanane • 150 g Naturjoghurt • 1 EL Zitronensaft • nach Belieben 1 TL Senf • Salz • Pfeffer • 4 kleine Chicorée in Streifen • 1 Frühlingszwiebel in Röllchen • 1 EL gehackte Petersilie • 2 EL gehackte geröstete Walnüsse • 1 TL Zitronenzeste

Die Banane schälen und pürieren; mit Joghurt, Zitronensaft, nach Belieben Senf, Salz und Pfeffer mischen. Chicorée und Frühlingszwiebel einrühren. Mit Petersilie, Walnüssen und Zitronenzeste bestreut servieren.

Bananenblüten-Salat

Ein perfektes Trio: feinherbe Bananenblüte trifft geschmeidige Schalotte mit mildem Sesam.

1 kleine Bananenblüte (z. B. aus dem Asia-Shop) • 3 fein gehackte Schalotten • 2 EL Olivenöl • 2 EL leicht geröstete Sesamsamen • einige Spritzer Worcestershiresauce • Salz • rosa Beeren • Chili nach Belieben • 1 fein gehackte Frühlingszwiebel

Die Bananenblüte entweder roh verwenden oder knapp mit Wasser bedeckt etwa 15 Minuten weich kochen, abgießen, abkühlen lassen, die äußersten Blätter entfernen und die Blüte grob hacken. Die Schalotten im Öl bei milder Hitze unter gelegentlichem Rühren etwas mehr als 10 Minuten goldbraun rösten. Alle Zutaten mischen.

HAUPTSPEISEN

Bananen-Laibchen mit Shrimps

Die knusprigen Laibchen, *tostones*, sind beinahe ein Grundnahrungsmittel in Südamerika – pur oder mit unzähligen Dips und Füllungen. Hier eine Version, die auch für Gäste fein genug ist.

1 fein gehackte Zwiebel • Öl zum Braten • 600 g fleischige Tomaten • Salz • Pfeffer • 800 g küchenfertige Shrimps • 1 TL getrocknetes Basilikum • 3–4 grüne Gemüsebananen • 2 EL gehacktes Koriandergrün

Die Zwiebel in 2 EL Öl glasig dünsten. Die Tomaten fein hacken, einrühren, salzen und pfeffern. Die Sauce dick einkochen lassen. Die Shrimps einrühren und 10–15 Minuten bei milder Hitze in der Sauce ziehen lassen. Mit Basilikum abschmecken. Die Bananen schälen, in etwa 3 cm dicke Scheiben schneiden und in Öl auf beiden Seiten jeweils einige Minuten braten, jedoch nicht komplett garen. Die Bananenstücke zwischen zwei Lagen Plastikfolie zu flachen Kreisen drücken und in Öl beidseits knusprig braten. Die Laibchen auf Teller verteilen, die Shrimps darauf anrichten und mit Koriandergrün bestreut sofort servieren.

Bananen-Empanadas

Diese ausgefallenen Empanadas sind vor allem in Venezuela beliebt.

4 reife Gemüsebananen • bei Bedarf etwas Weizenmehl • 400 g junger geriebener Käse oder gekochtes Gemüse oder kräftig gewürztes Faschiertes (Hackfleisch) • nach Belieben frische Kräuter und Pfeffer • Öl zum Braten

Die Bananen mitsamt Schale in dicke Scheiben schneiden und in Wasser weich kochen, doch nicht allzu weich. Gut abtropfen lassen, schälen und noch warm pürieren. Sollten die Bananen zu weich geworden sein, um einen formbaren Teig zu ergeben, etwas Weizenmehl zum Binden einrühren.

Die Bananenmasse portionsweise auf einem Stück Plastikfolie zu einem etwa 1 cm dicken Kreis auseinanderdrücken. In die Mitte Käse, Gemüse oder Fleisch und nach Wunsch Gewürze legen, die Ränder dabei frei lassen. Mithilfe der Plastikfolie die Bananenmasse über die Füllung klappen. Die Ränder des Halbkreises gut aneinanderdrücken, damit die Füllung beim Braten nicht ausrinnen kann.

Die Empanadas auf jeder Seite 3 Minuten goldgelb braten und heiß servieren.

Fruchtige Frittata

Das Spiel der pikant-säuerlich-süßen Aromen macht diese einfache Speise sehr interessant. Mit rustikalem Baguette und Blattsalat ein leichtes Hauptgericht.

12 zarte Frühlingszwiebeln • 4 EL Olivenöl • 2 EL roter Weinessig • 1 reife Obst- oder Gemüsebanane in kleinen Würfelchen • rosa Beeren oder weißer Pfeffer • Chili nach Belieben • 8 Eier • Salz • 1 EL fein gehackte Petersilie • 2 EL Butter • 100 g Ziegencamembert in Würfelchen

Das Grün von den Zwiebeln schneiden. Die weißen Anteile im Ganzen in 2 EL Olivenöl einige Minuten bei milder Hitze dünsten. Den Weinessig, 4 EL Wasser und die Bananenstückchen einrühren. Bei milder Hitze 15–20 Minuten unter häufigem Rühren sämig einkochen lassen. Mit Salz und rosa Beeren abschmecken. Falls verwendet, fein gehackte Chili hinzufügen.

Die grünen Teile der Frühlingszwiebeln in Röllchen schneiden und im restlichen Öl weich dünsten. Die Eier in einer Schüssel mit Salz, weißem Pfeffer und Petersilie schaumig rühren. Die Butter in einer Pfanne schmelzen, die Ei-Mischung hineingießen und die grünen Teile der Frühlingszwiebeln sowie den Ziegencamembert auf der Oberfläche verteilen. Einen Deckel aufsetzen und die Frittata bei milder Hitze 10 Minuten stocken lassen.

Die Frittata auf vier Teller verteilen und sofort mit den Bananen-Zwiebelchen servieren.

Karibische Fischfilets im Bananenblatt

Das Garen im Bananenblatt macht den Fisch besonders saftig. Als Beilage bieten sich neben Reis auch die Bananenchips von Seite 32 an, dazu ein Salat aus Tomaten und Gurken mit Zwiebel und Limettensaft.

> *4 Bananenblätter • 4 Fischfilets (je ca. 120 g) • 160 g Kokospaste oder -mus • 4 EL gehackte Korianderblätter • 1 fein gehackte Knoblauchzehe • 1 fein gehackte Chilischote • 1 TL gemahlener Kreuzkümmel • Salz • Pfeffer • 2 Limetten in dünnen Scheiben • Öl für den Siebeinsatz*

Die Kokospaste mit Koriander, Knoblauch, Chili, Kreuzkümmel, Salz und Pfeffer pürieren. Die Hälfte der Limettenscheiben und der Gewürzmischung auf die Bananenblätter verteilen. Die Fischfilets darauflegen und mit der restlichen Gewürzmischung sowie Limettenscheiben bedecken. Die Blattränder so einschlagen, dass die Füllung nicht ausrinnen kann.

Wasser in einem großen Topf erhitzen. Die Bananenpäckchen auf einen geölten Siebeinsatz legen und im Dampf bei geschlossenem Deckel etwa 5 Minuten garen. Die Päckchen erst bei Tisch öffnen, um das entströmende Aroma genießen zu können.

Käse-Bananen-Bällchen

Die Bällchen eignen sich auch für Buffets und Picknicks oder als Appetithäppchen zum Aperitif. Mit Salat ergeben sie ein rasch gemachtes Mittagessen. Anstelle von Käse eignet sich auch pikante Wurst sowie Reste von gebratenem Fleisch oder Fisch zum Füllen.

2 Gemüsebananen • Salz • 150 g geriebener Butterkäse • gemahlene Muskatnuss • Pfeffer • 200 g Mozzarella in kleinen Würfeln • Öl zum Frittieren • 2 EL gehackte Petersilie

Die Bananen schälen, in dicke Scheiben schneiden und in Salzwasser weich kochen; danach pürieren. Mit dem Butterkäse, Muskatnuss, Salz und Pfeffer mischen. Das Bananenpüree in kleinen Portionen in der Handfläche zu Fladen formen, jeweils ein Stück Mozzarella in die Mitte legen und mit dem Bananenpüree umschließen. Die Bällchen im Öl goldgelb backen und mit Petersilie bestreut servieren.

Pikanter Bananengratin

Dieser Gratin überzeugt auch eingefleischte Gemüsemuffel. Schmeckt warm oder kalt. Mit Blattsalat servieren.

4 grüne Gemüsebananen • 4 EL Öl • 500 ml Milch • 8 Eier • Oregano • Thymian • gemahlene Muskatnuss • Salz • Pfeffer • 800 g gekochte geschälte Kartoffeln in Scheiben • 400 g gehackter junger Mangold oder Spinat • 1 rote Zwiebel in Scheiben • 60 g geriebener Käse • 2 EL gehackte Petersilie

Die Bananen schälen, in Scheiben schneiden und im Öl beidseits goldgelb braten. Das Bratöl zum Fetten einer Auflaufform nutzen. Den Backofen auf 180 °C Ober-/Unterhitze vorheizen. Milch, Eier und Gewürze kräftig verrühren. Ein Drittel der Kartoffelscheiben in die Auflaufform schlichten. Darauf ein Drittel der Bananenscheiben und die Hälfte des Mangolds verteilen. Eine weitere Schicht Kartoffeln und Bananen und Mangold mit einer Schicht Bananen und Kartoffeln abschließen. Mit der Eiermilch übergießen. Die Zwiebelscheiben auf der Oberfläche verteilen und mit dem Käse bestreuen. Den Gratin etwa 25 Minuten goldgelb backen. Mit Petersilie bestreuen.

Marinierte Hühnerspieße

Das Fleisch und die Banane sollten 2–3 Stunden in der Marinade liegen. Das Rezept funktioniert auch mit Tofu oder Grillkäse.

600 g Hühnerfleisch von der Keule in kleinen Würfeln • 1 Gemüsebanane in Scheiben • 400 ml Kokosmilch • 1 ½ TL Kurkumapulver • 1 TL gemahlener Kreuzkümmel • 1 TL gemahlene Koriandersamen • Pfeffer • 3 EL Orangensaft • 2 EL Zitronensaft • 100 g fein gemahlene geröstete Erdnüsse • 1 fein gehackte Knoblauchzehe • 1 EL rote Thai-Currypaste • Salz

Die Fleischwürfel und Bananenscheiben in einer Mischung aus 200 ml Kokosmilch, Kurkuma, Kreuzkümmel, Koriander, Pfeffer, Orangen- und Zitronensaft 2–3 Stunden ziehen lassen. Danach abwechselnd Fleisch und Banane auf kleine Spieße stecken.

Die Marinade mit der restlichen Kokosmilch, Erdnüssen, Knoblauch und Currypaste 6 Minuten sprudelnd kochen. Mit Salz abschmecken.

Die Spieße 6–8 Minuten grillen und mit der Sauce servieren.

Gemüse-Bananen-Eintopf

Ein angenehm sättigendes Gemüsegericht, das mit zahlreichen Gemüsesorten hervorragend schmeckt.

1 gehackte Stange Lauch • 1 gehackte Knoblauchzehe •
Öl zum Braten • 400 g geschälte Maniokwurzel oder
Kartoffeln in Würfeln • 400 g Kürbis in Würfeln •
200 ml Gemüsefond • 300 g Erbsen • Salz • Pfeffer •
2 grüne Gemüsebananen • 4 EL gehackte frische
Kräuter

Lauch und Knoblauch in etwas Öl anbraten. Maniok
und Kürbis hinzufügen, mit dem Gemüsefond aufgießen und mit Deckel 8 Minuten kochen. Die Erbsen einrühren und weitere 5–7 Minuten köcheln. Mit Salz und
Pfeffer abschmecken.

In der Zwischenzeit die Bananen schälen, in Scheiben schneiden und in Öl beidseits knusprig braten. Mit
Kräutern bestreut sofort mit dem Eintopf servieren.

FÜR NASCHKATZEN

Bananen-Bionico

Anfangs an den Straßenständen von Guadalajara in
Mexiko angeboten, wurden die fruchtigen Bowls bald
international beliebt. Die Auswahl der Früchte richtet
sich nach der Saison und Region. Granola lässt sich bes-
ser in größeren Mengen herstellen. Was für dieses Rezept nicht verwendet wird, hält in einem dichten Behälter kühl aufbewahrt mindestens 4 Wochen. Granola
passt zu Bananenmilch, Müsli, Obstsalat, Joghurts und
Cremedesserts, aber auch als reizvoller Kontrast zu gebratenem Käse und Fleisch.

Granola: 100 ml Ahornsirup • 50 ml Honig •
2 EL Öl • Vanille • 1 Prise Salz • 1 Prise gemahlener
Zimt • 300 g Haferflocken • 100 g Mandelsplitter •
100 g Sonnenblumensamen • 4 EL Sesamsamen •
100 g gehackte Trockenfrüchte
Bowl: 200 g griechisches Joghurt mit 10 % F.i.T. •
Vanille • ½ TL fein geriebene Limettenschale • 3 reife
Obstbananen • 3 EL Limettensaft • 150 g Himbeeren

Für das Granola den Backofen auf 130 °C Umluft vorheizen, zwei Backbleche mit Backpapier belegen. In einer großen Schüssel Ahornsirup, Honig, Öl, Vanille, Salz und Zimt mischen. Die übrigen Zutaten mit Ausnahme der Trockenfrüchte einrühren. Die Mischung auf die Bleche verteilen und 15 Minuten backen. Die Trockenfrüchte hinzufügen und weitere 10–15 Minuten backen. Auskühlen lassen.

Joghurt, Vanille und Limettenschale mischen. Die Bananen schälen, in Scheiben schneiden und sofort mit dem Limettensaft beträufeln. Die Himbeeren hinzufügen. Die Früchte auf 4 Schalen verteilen, mit Granola bestreuen und mit Joghurt beträufeln. Sofort servieren.

Bananen-Erdnuss-Joghurt

Elvis Presley liebte die Kombination von Bananen und Erdnussbutter.

2 reife Obstbananen • 4 EL Erdnussbutter • 1 EL Honig • 1 TL geriebene Zitronenschale • 400 g Joghurt •
4 Stämmchen Zitronenthymian zum Dekorieren

Die Bananen (nach Belieben mit oder ohne Schale) mit Erdnussbutter, Honig und Zitronenschale im Mixer pürieren. Mit dem Joghurt verrühren und mit dem Thymian servieren.

Poi

Das traditionelle Dessert aus Samoa ist ideal,
wenn es schnell gehen muss. Es ist nicht zu verwechseln
mit Popoi, einem stärkehaltigen Brei.

2 sehr reife Obstbananen • 200 ml Kokosmilch •
Vanille

Alle Zutaten in der Küchenmaschine (wenn möglich mit
einigen Eiswürfeln) mixen.

Banana Nicecream

Nicecream heißt diese Köstlichkeit, weil sie lauter gesun-
de Zutaten enthält.

4 sehr reife Obstbananen • 1 zarte Prise Zimt •
½–1 TL geriebene Bio-Zitronenschale • essbare
Blüten, Minze oder gehackte Nüsse zum Dekorieren

Die Bananen in Scheiben schneiden und 60 Minuten
tiefkühlen. Mit den übrigen Zutaten im Mixer pürieren und sofort mit Blüten, Minze oder Nüssen servieren.

Bananen-Kakao-Creme

So unwiderstehlich gut kann gesundes Naschen sein.

3 sehr reife Obstbananen • 1 kleine reife Avocado ohne
Schale und Kern • 20 g Backkakao • Vanille • 1 zarte
Prise Salz • zum Bestreuen 1 EL gehackte Pistazien,
nach Wunsch geröstet

Alle Zutaten im Mixer pürieren. 60 Minuten kühlen.
Mit Pistazien bestreut servieren.

Für Eiscreme die Masse einfach einfrieren.

Bananensplit

Der absolute Klassiker seit Bananengedenken. Wer mag, ergänzt mit einem Spritzer dunklem Rum, einer Prise Zimt und ein wenig Orangenzeste. Anstelle von Vanilleeis und Schokosauce schmecken auch Walnusseis und Ahornsirup oder Heidelbeereis und Kastanienhonig großartig.

100 g Bitterschokolade • 100 g Schlagobers (Schlagsahne) • 2 Obstbananen • 8 Kugeln Vanilleeis • 2 EL geröstete Mandelblättchen

Die Schokolade im Wasserbad schmelzen. Das Obers steif schlagen. Die Bananen schälen, halbieren und auf längliche Dessertschalen verteilen. Das Vanilleeis zu den Bananen portionieren. Mit Schlagobers garnieren. Die geschmolzene Schokolade in dünnem Strahl über das Obers gießen. Mit den Mandelblättchen garniert sofort servieren.

Bananas Foster

Dieses beliebte Dessert lässt sich variieren und erweitern – etwa mit gerösteten Walnüssen oder Schokoladebrownies, verschiedenen Eissorten wie Nougat oder Fiocco. Anstelle des Bananenlikörs des Originals bevorzuge ich Orangenlikör.

3 EL Butter • 60 g brauner Rohrzucker • 4 Obstbananen • 60 ml dunkler Rum • 2 TL gemahlener Zimt • 2 TL Feinkristallzucker • 60 ml Bananenlikör • 4 Kugeln erstklassiges Vanilleeis

In einer flachen Pfanne die Butter mit dem braunen Zucker zerlaufen lassen. Die Bananen schälen, längs halbieren und in der Pfanne 1–2 Minuten erwärmen. Die Pfanne vom Feuer nehmen, den Rum zugießen, die Pfanne wieder auf die Flamme stellen und den Rum anzünden. Den Zimt mit dem Feinkristallzucker vermischt auf die Flamme streuen.

Sobald das Feuer ausgeht, die Pfanne vom Herd nehmen. Den Bananenlikör zugießen, die Pfanne auf das Feuer zurückstellen und den Likör anzünden. Die Sauce gut verrühren.

Je 1 Kugel Vanilleeis mit 2 Bananenhälften und der Sauce sofort servieren.

Bananen-Pfannkuchen mit Ahornsirup und Tahin

200 g Joghurt • 2 EL Tahin (Sesammus) • 2 EL Ahornsirup • 1 TL fein geriebene Orangenschale • 2 reife Obstbananen • 250 g Weizenmehl • 2 TL Backpulver • 1 EL dunkler Rohrzucker • 1 Prise Salz • 1 Prise gemahlener Zimt • 350 ml Milch • Öl zum Braten • 150 g Heidelbeeren • Minze oder essbare Blüten zum Garnieren

Joghurt, Tahin, Ahornsirup und Orangenschale verrühren; kurz ziehen lassen.

Die Bananen schälen und in einer großen Schüssel pürieren. Mehl, Backpulver, Rohrzucker, Salz, Zimt und Milch einrühren. Kurz ziehen lassen.

Den Backofen zum Warmhalten der Pfannkuchen auf 80 °C Ober-/Unterhitze vorheizen. In einer flachen Pfanne etwas Öl bei Mittelhitze erwärmen. Mit einem kleinen Schöpflöffel Teigportionen in die Pfanne setzen und 2–3 Minuten backen, bis Bläschen entstehen. Die Pfannkuchen mit einem Spatel wenden und auf der zweiten Seite goldgelb backen. Fertige Pfannkuchen im Ofen auf einem Teller, bedeckt mit einem zweiten Teller, warm halten.

Die Pfannkuchen mit den Heidelbeeren und jeweils 1 Löffel Tahin-Joghurt servieren. Mit Minze oder Blüten garnieren.

Bananen-Kirsch-Kekse

Unwiderstehlich und dennoch gesund.

2 reife Obstbananen • 50 ml Orangensaft • 1 Ei •
1 TL Honig • 1 TL geriebene Orangenschale • 140 g
Haferflocken • 50 g geriebene geröstete Haselnüsse •
2 EL gehackte getrocknete Kirschen • ½ TL Zimt •
Vanille • 1 Prise Salz

Den Backofen auf 175 °C Ober-/Unterhitze vorheizen. Die Bananen schälen und mit Orangensaft, Ei, Honig und Orangenschale pürieren. Haferflocken, Haselnüsse, Kirschen, Zimt, Vanille und Salz einrühren. Die Masse kurz anziehen lassen.

Ein Backblech mit Backpapier auslegen. Mit einem Esslöffel kleine Häufchen der Masse auf das Backblech setzen und etwa 15 Minuten backen, bis die Ränder goldbraun werden.

Bananen-Busserl

Köstliches Kraftfutter für geistige und körperliche Höchstleistungen.

3 reife Obstbananen • 250 g Haferflocken • 150 g ent-
steinte gehackte Datteln • 75 ml Öl • Vanille • gemah-
lener Zimt • 1 zarte Prise Salz

Den Backofen auf 175 °C Ober-/Unterhitze vorheizen. Ein Backblech mit Backpapier auslegen. Die Bananen schälen, pürieren und mit den übrigen Zutaten mischen. Die Masse 15 Minuten rasten lassen. Mit einem Teelöffel aus der Masse kleine Häufchen auf das Backblech setzen und etwa 20 Minuten hellgolden backen. Dicht verschlossen, lichtgeschützt und kühl gelagert sind die Busserl gut 4 Wochen haltbar.

Bananenmuffins

Eine gute Verwendungsmöglichkeit für sehr reife Bananen.

200 g Weizenmehl • 150 g Haferflocken • 100 g Demerarazucker • 3 TL Backpulver • 1 Prise Salz • 1 Prise gemahlene Muskatnuss • 170 ml Milch • 80 ml Öl oder Apfelmus • 1 Ei • Vanille • 2 sehr reife Obstbananen

Eine Muffinform mit Muffinmanschetten auslegen. Den Backofen auf 200 °C Umluft vorheizen. Mehl, Haferflocken, Zucker, Backpulver, Salz und Muskatnuss mischen. In einer großen Schüssel Milch, Öl, Ei und Vanille kräftig schlagen. Die Bananen schälen, pürieren und in die Milch rühren. Die Mehlmischung unterheben. Die Masse auf die Förmchen verteilen und 18–20 Minuten backen.

Rellenitos de plátano

Ein überaus beliebter Genuss zu allen Tageszeiten. Als Beigabe werden gerne Sauerrahm (Saure Sahne) oder eine Sauce aus pürierten Bohnen mit geschmolzener Schokolade gereicht.

2 reife Gemüsebananen • 2 EL Zucker • 1 kleine Zimtstange • 200 g gekochte pürierte Bohnen • 1 Prise Salz • 1 EL Kakaopulver • Öl zum Ausbacken • nach Belieben Staubzucker (Puderzucker) zum Bestreuen

Die Bananen mit Schale in je 4 Teile schneiden. Knapp mit Wasser bedeckt mit 1 EL Zucker und der Zimtstange rund 10 Minuten nicht zu weich kochen. Die Bohnen mit Salz, Kakao und dem restlichen Zucker verrühren. Mit ein wenig Wasser aufkochen und zu einer weichen Paste verrühren. Die gekochten Bananenstücke schälen, die Samen entfernen und das Fruchtfleisch zu einem glatten Brei stampfen. Hühnereigroße Stücke vom Bananenbrei in der Handfläche flach drücken, etwas von der Bohnenpaste in die Mitte setzen, dicht mit Bananenbrei umschließen und zu einem eiförmigen Ball formen. Die fertigen Bällchen im Öl allseits goldgelb backen. Nach Belieben mit Staubzucker bestreuen.

Bananenbrot mit Cognacbutter

Dieses besonders saftige Gebäck lässt sich gut einfrieren.
120 ml Öl plus mehr für die Form • 4 reife Obstbananen • 80 ml Buttermilch • 2 Eier • 250 g Weizenmehl • 150 g Demerarazucker • 1 TL Backpulver • ½ TL Salz • ½ TL Zimt • 60 g gehackte Walnüsse, nach Belieben geröstet • 100 g Staubzucker (Puderzucker) • 60 g weiche Butter • 3 EL Cognac • Vanille • 1–2 TL geriebene Orangenschale

Den Backofen auf 165 °C Ober-/Unterhitze vorheizen. Eine Kastenform mit Öl ausfetten.

Die Bananen schälen und mit dem Öl, der Buttermilch und den Eiern im Mixer schaumig pürieren. Mehl, Zucker, Backpulver, Salz und Zimt auf die Bananenmischung sieben und einrühren. Die Walnüsse unterziehen. In der Kastenform 80 Minuten backen. Einen Holzstab in die Mitte der Masse stechen. Kommt der Stab sauber wieder heraus, ist das Bananenbrot fertig.

Für die Glasur den Staubzucker mit Butter, Cognac und Vanille schaumig schlagen. Das erkaltete Bananenbrot damit bestreichen und mit Orangenschale bestreuen.

Jamaikanischer Kuchen

Für alle, die nicht gerne Geschirr spülen: Dieser Kuchen wird direkt in der Backform angerührt.

500 g Weizenmehl • 250 g Zucker • 200 g gehackte Pekannüsse • 1 TL Salz • 1 TL Backpulver • ½ TL gemahlener Zimt • Vanille • 350 ml Öl • 3 Eier • 2 pürierte reife Obstbananen • 1 Dose Ananasstücke in Sirup (ca. 500 g) • 6–8 cl Jamaika-Rum, nach Belieben mit 1 EL Limettensaft gemischt

Den Backofen auf 175 °C Ober-/Unterhitze vorheizen. Das Mehl mit Zucker, Pekannüssen, Salz, Backpulver, Zimt und Vanille in einer 33 x 22 cm großen Backform mischen. Das Öl und die Eier einrühren, danach das Bananenpüree und die Ananasstücke mitsamt Sirup. Die Masse 60 Minuten backen. Mit einem Holzspieß in die Mitte des Teiges stechen. Lässt der Spieß sich sauber wieder herausziehen, ist der Kuchen fertig. Den abgekühlten Kuchen mit Rum und nach Belieben Limettensaft beträufeln.

Extrem saftige Bananenschnitten

Die Schnitten zerschmelzen förmlich auf der Zunge.

120 g weiche Butter plus mehr für die Form • 200 g Zucker • 2 Eier • 125 g Sauerrahm (Saure Sahne) • Vanille • 280 g Weizenmehl • 1 TL Backpulver • Salz • 2 sehr reife Obstbananen • 400 g Frischkäse • 80 g Staubzucker (Puderzucker) • 2 TL geriebene Limetten- oder Zitronenschale

Eine Backform mit ca. 40 x 25 cm buttern. Den Backofen auf 175 °C Ober-/Unterhitze vorheizen. Butter und Zucker schaumig rühren. Die Eier einzeln einarbeiten. Sauerrahm und Vanille hinzufügen. Mehl, Backpulver und Salz mischen und mit der Buttermasse vermengen.

Die Bananen pürieren und in den Teig rühren. Die Masse in die Form gießen und 20–25 Minuten backen. Einen Holzspieß in die Mitte des Teiges stechen. Kommt er sauber wieder heraus, ist das Gebäck fertig.

Für die Glasur den Frischkäse sorgfältig mit Staubzucker sowie Limettenschale verrühren und auf den komplett ausgekühlten Teig streichen.

Bánh chuối
Vietnamesischer Bananenkuchen

Diesen beliebten Kuchen gibt es in unzähligen Varianten, auch in Dampf gegart. Hier eine besonders saftige Version.

1 EL Öl • 200 g mindestens 3 Tage altes Weißbrot • 400 ml Kokosmilch • 60 g Rohrohrzucker • 2 EL Weizenmehl • ¼ TL Salz • Vanille • 5 Bananen in dicken Scheiben • 2 TL Sesamsamen

Eine Springform mit 20 cm Durchmesser mit dem Öl auspinseln. In den Backofen stellen und auf 180 °C Umluft vorheizen. Das Brot in Stücke teilen, in der Kokosmilch einweichen, danach zu einem Brei stampfen. Zucker, Mehl, Salz und Vanille einrühren. Die Scheiben von 4 Bananen vorsichtig unterheben, ohne sie zu zerdrücken. Die Masse in der Springform glatt streichen, mit den restlichen Bananenscheiben belegen und mit Sesam bestreut 60 Minuten backen. Zwischendurch kontrollieren, ob die Oberfläche sehr dunkel wird. Bei Bedarf mit Alufolie locker abdecken. Den Kuchen 15 Minuten im Backofen auskühlen lassen (ohne Folie, falls verwendet). In der Form auskühlen lassen und vor dem Servieren mindestens 3 Stunden kühlen.

Bolo de Banana

Wer eine Menge Bananen im Obstkorb vergessen hat, findet hier eine hervorragende Verwendung.

200 g weiche Butter • 200 g Zucker • 6 Eier • 100 ml Milch • 250 g Weizenmehl • 3 TL Backpulver • 1 Prise Salz • 80 g Demerarazucker • 6 sehr reife Obstbananen

Die weiche Butter mit dem Zucker schaumig schlagen. Die Eier trennen und die Eigelbe mit der Milch verquirlen; unter kräftigem Schlagen in die Buttermasse einarbeiten. Das Mehl mit dem Backpulver sieben. Eiweiß mit dem Salz zu steifem Schnee schlagen und abwechselnd mit dem Mehl in die Buttermasse ziehen.

Den Ofen auf 180 °C Ober-/Unterhitze vorheizen. Den Demerarazucker in einer trockenen Pfanne karamellisieren, mit wenig Wasser auflösen und auf den Boden einer Backform gießen. Die Bananen schälen, längs halbieren oder in Scheiben schneiden und auf dem Karamell verteilen. Mit dem Teig bedecken und 45 Minuten backen. Kurz in der Form auskühlen lassen, danach stürzen.

Supersaftiger Schoko-Bananen-Kuchen

250 g Weizenmehl • 350 g Zucker • 100 g Backkakao • 2 TL Backpulver • 1 Prise Salz • 2 Eier • 225 ml Buttermilch • Vanille • 100 g Butter • 225 ml starker heißer Kaffee • 200 g Haushaltsschokolade • 100 ml Schlagobers (Schlagsahne) • 3 sehr reife Obstbananen • Orangenzeste nach Belieben

Den Backofen auf 175 °C Ober-/Unterhitze vorheizen. Ein Backblech mit Backpapier belegen. Mehl, Zucker, Kakao, Backpulver und Salz mischen. Eier, Buttermilch, Vanille und Butter im Mixer kräftig verrühren. Die Mehlmischung unterheben. Zum Schluss den Kaffee einrühren. Die recht flüssige Masse auf das Blech gießen und etwa 25 Minuten backen. Mit einem Holzstab in die Mitte des Teiges stechen. Kommt er beinahe sauber wieder heraus, ist der Kuchen fertig.

Die Kochschokolade im Wasserbad schmelzen. Das Schlagobers einrühren und kurz erwärmen. Den Topf vom Feuer nehmen. Die Bananen pürieren und mit der Schokolademasse verrühren. Die Teigplatte halbieren und mit ⅓ der Bananen-Schokolademasse bestreichen. Die zweite Teighälfte darauflegen und den Kuchen mit der restlichen Bananen-Schokolademasse überziehen. Nach Belieben mit Orangenzeste bestreuen.

FLÜSSIGE GENÜSSE

Bananenmilch

Für einen Eiscreme-Effekt die Bananen in Scheiben schneiden und diese vor der Weiterverarbeitung für mindestens 3 Stunden einfrieren. Das Grundrezept lässt sich je nach Laune und Uhrzeit ergänzen mit geriebener Orangenschale, Zimt, Eiscreme, Nüssen, Rum …

2 sehr reife Obstbananen • 400 ml (Pflanzen-)Milch • Vanille

Die Bananen schälen, mit den übrigen Zutaten im Mixer pürieren und sofort servieren.

Bananensmoothie

Ein Smoothie zum Genießen und für einen gesunden Verdauungstrakt.

1 großer Apfel ohne Kerngehäuse • 2 reife Obstbananen mit Schale ohne harte Endstücke • 200 ml Hafermilch • 2 EL Mandelmus • 1 Prise Salz • 1 Prise gemahlener Zimt

Alle Zutaten im Mixer pürieren.

Fruchtiger Longdrink

An sehr heißen Tagen mit Soda aufspritzen.

2 reife Obstbananen • 1 großer entsteinter Pfirsich •
300 ml Marillensaft (Aprikosensaft) • 300 ml Birnen-
saft • fein geriebene Schale von ½ Bio-Limette •
Limettenscheiben zum Dekorieren

Alle Zutaten im Mixer pürieren. Gut gekühlt mit Limettenscheiben garniert servieren.

Bananenlikör

2 reife Obstbananen • 700 ml Cachaça • 125 g weißer
Kandiszucker • 2 Tropfen Bittermandelöl • 4 Fäden
Safran

Die Bananen schälen und in dünne Scheiben schneiden. In
einer weithalsigen Flasche mit dem Cachaça übergießen.
Mit dem Kandiszucker und dem Bittermandelöl mischen.
Nach 1 Monat abfiltern. Wer eine gelbe Farbe wünscht,
kocht den Safran in wenig Wasser auf, lässt ihn 10 Minuten ziehen und gießt ihn nach dem Abkühlen durch ein
Sieb in den Likör. Die Bananenscheiben lassen sich für
Desserts oder Kuchen verwenden; sie sind auch zu dunklem Fleisch, Innereien und Wild reizvoll.

Grünes Wunderwerk

Dieses Rezept lässt sich nach Laune und Saison variieren,
z. B. mit Mangold, Kohlrabiblättern oder Chinakohl.

400 g junge Spinatblätter ohne Stiele • 1 kleine Salat-
gurke • 300 ml Orangensaft • 2 reife Obstbananen •
½ Bund Petersilie • ½ TL geriebene Zitronenschale •
1 Prise gemahlene Muskatnuss

Alle Zutaten im Mixer pürieren. Bei Bedarf etwas Wasser hinzufügen.

Bananen-Daiquiri

2 große reife Obstbananen • 16 cl weißer Rum • 12 cl frischer Limettensaft • 8 cl Triple sec • 1 TL Staubzucker (Puderzucker)

Die Bananen schälen und mit den übrigen Zutaten im Mixer pürieren. In tiefgekühlte Gläser füllen.

Bananenrum

Eine hervorragende Verwendungsmöglichkeit für allzu reife Bananen.

3 überreife Obstbananen • 500 ml guter dunkler Rum • 100 g brauner Kandiszucker • 1 Stück Vanilleschote und/oder Zimtrinde und/oder Orangenschale

Die Bananen schälen und in dünne Scheiben schneiden. In einer weithalsigen Flasche mit dem Rum übergießen. Mit dem Zucker und den Gewürzen mischen. Nach 1 Monat abfiltern. Die Bananenscheiben lassen sich für Desserts oder Kuchen verwenden; sie sind auch zu dunklem Fleisch, Innereien und Wild reizvoll.

MARGOT FISCHER

Die Anglistin und Ernährungswissenschaftlerin arbeitete viele Jahre in der Forschung am Wiener Allgemeinen Krankenhaus und leitete ein Restaurant mit der Küche von New Orleans. Neben wissenschaftlichen Publikationen und Artikeln zu Ernährungsthemen veröffentlichte sie *Wilde Genüsse – Enzyklopädie und Kochbuch essbarer Wildpflanzen* sowie mehrere Kochbücher, die kulturhistorischen Hintergrund und klassische Kochanleitungen ebenso bieten wie zahlreiche von ihr selbst entwickelte Rezepte.

REZEPTVERZEICHNIS

mandelbaums *kleine gourmandisen*

Jeweils 60 Seiten | Euro 14,– | Gebunden

ARTISCHOCKE	MORCHEL
AVOCADO	ORANGE
BANANE	PASTINAK
BASILIKUM	PISTAZIE
BIRNE	QUITTE
DATTEL	RADICCHIO
ERBSE	RHABARBER
ERDNUSS	ROTE RÜBE ROTE BETE
FEIGE	SAFRAN
FENCHEL	SALBEI
GRANATAPFEL	SELLERIE
GURKE	SESAM
HEIDELBEERE	SPARGEL
HOLUNDER	STEINPILZ
JOHANNISBEERE	TOMATE
KAKAO	THYMIAN
KARFIOL BLUMENKOHL	VANILLE
KAROTTE MÖHRE	WALNUSS
MANDEL	WEICHSEL SAUERKIRSCHE
MANGOLD	ZIMT
MARONE ESSKASTANIE	ZITRONE
MELANZANE AUBERGINE	ZUCCHINI
MOHN	ZWIEBEL